Gemüse
selbst anbauen

LONDON, NEW YORK, MELBOURNE, MÜNCHEN UND DELHI

GESTALTUNG, VERANTW. Rachael Smith
LEKTORAT Zia Allaway
HERSTELLUNG Rebecca Short

CHEFLEKTORAT Anna Kruger
CHEFBILDLEKTORAT Alison Donovan
DTP-DESIGN Louise Waller
BILDRECHERCHE Lucy Claxton, Richard Dabb,
Mel Watson

FÜR DORLING KINDERSLEY PRODUZIERT VON
Airedale Publishing Limited
LEITUNG GRAFIK Ruth Prentice
GESTALTUNG Murdo Culver
REDAKTION Helen Ridge
HERSTELLUNG, VERANTW. Amanda Jensen

FOTOS Sarah Cuttle, David Murphy

Für die deutsche Ausgabe:
PROGRAMMLEITUNG Monika Schlitzer
PROJEKTBETREUUNG Regina Franke
HERSTELLUNGSLEITUNG Dorothee Whittaker
HERSTELLUNG UND COVERGESTALTUNG Maxie Zadek

Titel der englischen Originalausgabe:
Vegetables in a Small Garden

ÜBERSETZUNG Susanne Vogel
REDAKTION Elisabeth Bobinger

ISBN 13: 978-3-8310-1165-0

Colour reproduction by Colourscan, Singapore
Printed and bound in Singapore by Star Standard

Besuchen Sie uns im Internet
www.dk.com

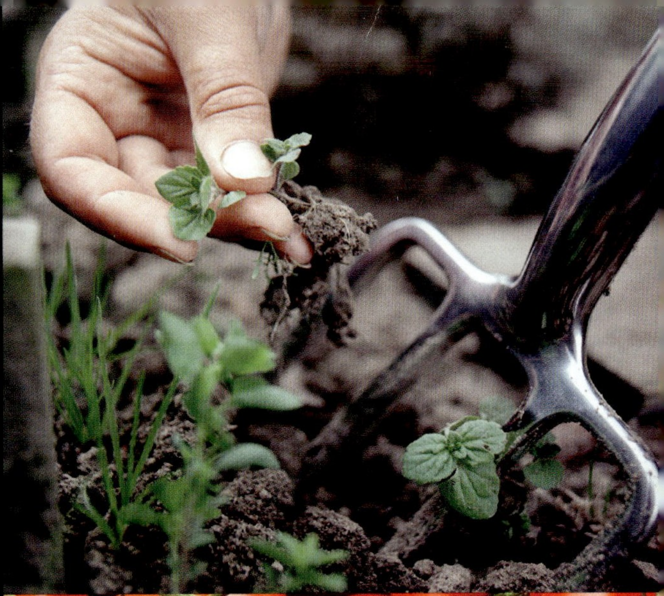

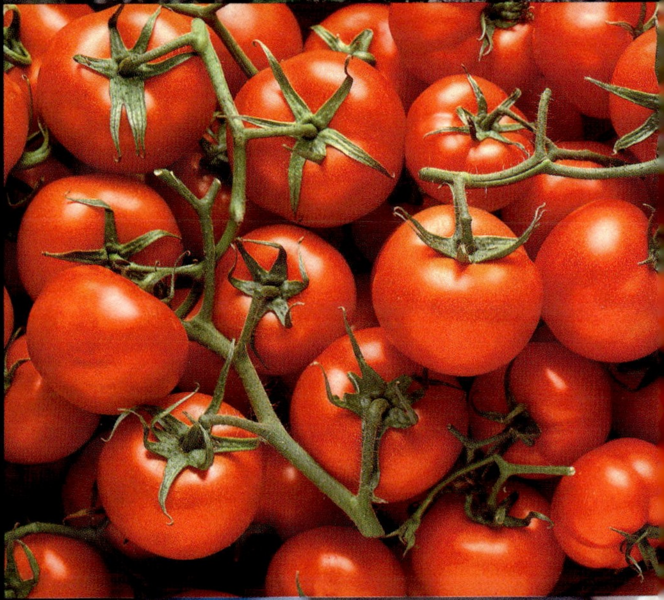

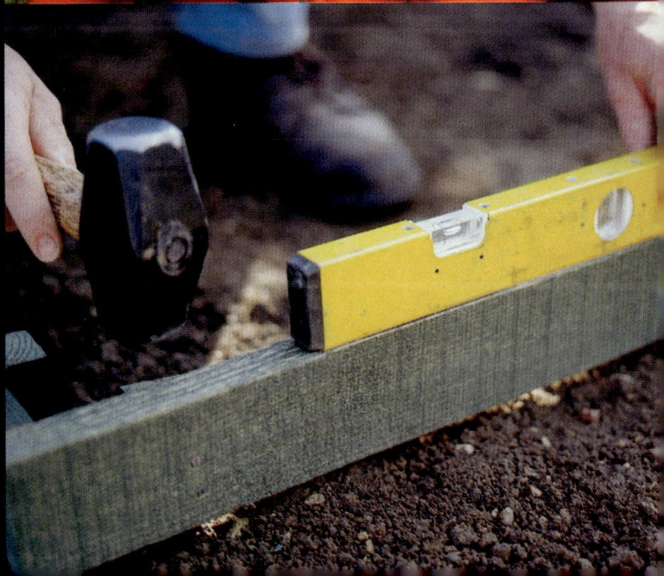

besser gärtnern

Gemüse
selbst anbauen
Jo Whittingham

DORLING KINDERSLEY

Inhalt

Eigenes anbauen

Selbst in kleinen Gärten, auf dem Balkon, der Terrasse, sogar auf der Fensterbank, steht der Kultur von köstlichem Gemüse & Co. nichts im Wege. Schnell wachsende Sorten machen sich, in Töpfen gezogen, sehr dekorativ. In Blumengesellschaft sehen sie großartig aus, gesund sind sie sowieso. Ob traditioneller Küchengarten, Reihenpflanzung oder Containerkultur: Lassen Sie sich einfach von den Ideen im folgenden Kapitel inspirieren.

Gemüse mit Blumen kombiniert

Es ist nicht ganz einfach, kleine Gärten ganzjährig ansehnlich zu gestalten. Meist ist kein Platz für ein separates Nutzbeet. Die Farben und Formen von Gemüse können aber sehr effektvoll mit blühenden Pflanzen kombiniert werden.

Fotos im Uhrzeigersinn von oben links

Eine runde Sache In Mustern gepflanzt, bilden Gemüse und Kräuter einen attraktiven Blickfang, ohne viel Platz einzunehmen. Hier ist ein Baum von einem runden Kräuterbeet umgeben, an das sich weitere Kreise aus Salat, Möhren, Zwiebeln und wieder Kräutern anschließen. Dazwischen angelegte Pfade erleichtern den Zugang. Ein Tipp: Bei Blattsalaten haben Sie eine besonders bunte und vielseitige Auswahl.

Kürbisse am Wegesrand Sogar wuchsfreudige Kürbisse haben in kleinen Gärten Platz. Mit ihren gelben Blüten, aus denen später farbenfrohe Früchte hervorgehen, sind sie ein echter Hingucker. Sorten mit hängendem Wuchs zieht man im vorderen Bereich einer eingewachsenen Rabatte an Stützen hoch. Auch kräftige Büsche sind dafür geeignet. Die großen, auffälligen Blätter mildern z.B. die harten Kanten einer Wegeinfassung. Zur Unterstützung reichlich organische Substanz einarbeiten.

Erstklassige Ernteerträge *(gr. Bild links unten)* Mithilfe von rankenden Gemüsepflanzen kann man trotz wenig Platz reiche Ernte erzielen. Auf dieser Rabatte überragt ein Stangenzelt aus Prunkbohnen kleinwüchsige Bohnen und Möhren mit fedrigem Grün. Kapuzinerkresse, gelbe Tagetes und ein Topf mit Petunien beleben die Szene mit Farbe. Mehrjährige Artischocken geben dem Beet mit ihrem silbrigen, distelartigen Laub dauerhaft Struktur – und liefern köstlich schmeckende Blütenköpfe.

Malerische Ansicht *(ganz rechts)* Wie eine kleine Wiese umrahmen bunte Sommerblumen eine dekorative Pflanzung von Gemüsesorten mit purpurnen und blaugrünen Blättern. Die Blüten sehen zauberhaft aus und locken Insekten an, die sich beim Bestäuben und im Kampf gegen Schädlinge nützlich machen. Im Herbst und Winter nehmen verschiedene Kohl- und Lauchsorten die Beetfläche ein und versprechen ebenfalls ein buntes Bild.

Containerkultur

Etliche Gemüse und Kräuter kommen die ganze Saison in Pflanzgefäßen zurecht. Für einen kleinen Küchengarten reicht eine Terrasse oder ein besonnter Balkon. Und eine Fensterbank kann immerhin noch ein paar frische Kräuter beherbergen.

Fotos im Uhrzeigersinn von oben links

Stilvoll Terrakottatöpfe sind pflegeleicht und sehen gut aus – umso mehr, wenn sie auf Treppenstufen oder einer Terrasse aufgereiht sind. Fast alle Kräuter fühlen sich in einem Topf absolut wohl. Minze, Petersilie oder auch Salbei vertragen sogar leichten Schatten. Für einen dichten, buschigen Wuchs regelmäßig die Triebspitzen abzwicken oder die Kräuter mit einer Schere stutzen.

Originell Hängekörbe schaffen eine zusätzliche Pflanzebene. Das weiße Salatsieb von anno dazumal sieht pfiffig aus und bringt praktischerweise auch gleich die erforderlichen Abzugslöcher mit. Buschtomaten können mit ihren bunten Früchten über den Rand wachsen, eine orangerot blühende Kapuzinerkresse ist eine wunderhübsche Ergänzung. Kräuter wie Thymian und Petersilie dürfen Lücken füllen. An einem eher windgeschützten Platz aufhängen und regelmäßig gießen.

Platz sparend Gerade in kleinen Gärten sollte der verfügbare Platz möglichst effizient genutzt werden. Daher empfehlen sich größere Pflanzgefäße und eine gut überlegte Mischung aus langsam und schnell wachsenden Sorten. In diesem Fall haben die Zucchini noch eine lange Erntesaison vor sich, während der Lollo-Rossa-Salat bereits pflückreif ist. Den Nachbartopf teilen sich in der Hauptsache Paprika und Basilikum.

Geschickt gruppiert Kombinationen von Pflanzgefäßen unterschiedlicher Größe und Form aus diversen Materialien erzeugen ein reizvolles Gesamtbild. Moderne Sachlichkeit strahlt ein Arrangement von Metallcontainern aus, hier bepflanzt mit saftig grünen Asia-Salaten und buntstieligem Mangold. Von verzinkten Eimern bis zu Plastikschüsseln in Knallfarben ist vieles geeignet. Lassen Sie Ihrer Fantasie freien Lauf, aber vergessen Sie nicht, Abzugslöcher in den Boden zu bohren.

Kreuz und quer im Gemüsegarten

Geschickte Planung zahlt sich die ganze Saison hindurch aus. Durch den Wechsel zwischen niedrigen Reihen und hohen Pflanzen, die attraktive Akzente setzen, schafft man ein ideales Mikroklima für bestimmte Arten – und einen herrlichen Blickfang.

Fotos im Uhrzeigersinn, Beginn großes Bild

Reihen im Wechsel In großen Gemüsegärten sieht man häufig noch die traditionellen langen Pflanzenreihen mit einer einzigen Sorte. Auch bei kleineren Grundstücken können sie sinnvoll sein: Wenn sich solche Reihen über die gesamte Länge der Parzelle ziehen, lenken sie den Blick in die Weite. Dadurch wirkt der Garten größer. Dieser Effekt ist auch hier zu sehen, auf dem Beet wechseln sich in weiten Bögen Salate, Mangold, Zwiebeln und Zucchini mit dichten Reihen aus Tagetes ab. Letztere werden oft Seite an Seite mit Gemüse gezogen, da ihr kräftiger Geruch Schädlinge auf der Suche nach bestimmten Nutzpflanzen ablenken soll.

Grüne Wandschirme An Stäben oder an Spalieren wachsen rankende Arten, wie hier die Prunkbohne, in kurzer Zeit zu dichten Wänden hoch. Man kann sie nutzen, um etwa ein Gemüsebeet optisch vom übrigen Garten abzutrennen oder Komposthaufen und Mülltonnen zu verbergen. Gurken, Kürbisse und andere schnelle Kletterer lassen sich an unansehnlichen Mauern oder Zäunen hochziehen und machen diese beinahe unsichtbar. Vorsicht allerdings bei Bohnen. Sie nehmen durch starken Wind leicht Schaden. Der hochwachsende Zuckermais dagegen könnte ein guter Windschutz sein.

Kompakte Pflanzung Ist nur wenig Platz vorhanden, will man nichts davon verschwenden und pflanzt daher das Gemüse dicht an dicht. Hier flankieren Salatsorten mit jeweils unterschiedlicher Optik die farnartigen Laubbüschel von Möhren, dahinter ragt Mais in die Höhe. Eine dichte Bepflanzung hat Vor- und Nachteile: Unkräuter können kaum Fuß fassen, andererseits gelangt man nur schwer an das Gemüse und höhere Gewächse rauben den niedrigeren Licht. Bei dem hier gezeigten attraktiven Arrangement profitiert der Salat jedoch an heißen Tagen vom Schatten, den der Mais erzeugt.

Pflanzen im festen Rahmen

In klar begrenzten Beeten kann man die Bodenqualität bestens auf die jeweiligen Sorten abstimmen, sie gut in Gruppen zusammenfassen und das Unkraut bequem vom Rand aus entfernen.

Fotos im Uhrzeigersinn von oben links

Äußerst effizient Ein großer Vorteil bei der Anlage von Beeten mit streng begrenzter Fläche: Man erreicht die gesamte Fläche, ohne sie betreten und damit die Erde verdichten zu müssen. Auch Trittflächen zwischen den Pflanzen fallen weg, das Gemüse wächst in komprimierten Gruppen, der Hobbygärtner kann den Platz optimal verwerten.

Plus dekorativ Ziegelumrahmte Beete sind nicht nur optisch ansprechend, sondern gerade für winzige Gärten ideal: Selbst auf ganz schmalen Flächen kann man Kräuter, Salate und, wenn die Bodentiefe ausreicht, sogar Pastinaken unterbringen.

Plus pflegeleicht Feste Beeteinfassungen bewirken, dass weniger Unkräuter auf angrenzende Wege übergreifen. Auch bleibt die Erde dort, wo sie hingehört, und das Schuhwerk sauber. Schließlich kann man Kompost ganz gezielt nur auf der Beetfläche einarbeiten.

Komfortable Hochbeete

Hochbeete eröffnen durch ihre Höhe und Struktur völlig neue Perspektiven im Garten. Und da man sich nicht tief bücken muss, um sie zu bearbeiten, gehen die Pflegemaßnahmen leichter von der Hand.

Fotos im Uhrzeigersinn von oben links

Bunte Salate im Hochbeet Ein einfach konstruiertes Hochbeet wird mit hochwertiger Muttererde gefüllt und großzügig mit Kompost angereichert. So bietet es den perfekten Standort für Kräuter und ungewöhnliche Salate wie z.B. den würzigen Ackersenf. Man schneidet einfach mit der Schere ab, was man für die nächste Mahlzeit braucht, geht damit in die Küche – und genießt.

Ein Paradies für Sonnenanbeter In diesem geräumigen Hochbeet, das vor einer Mauer steht, sind Tomaten und andere Wärme liebende Gemüsesorten bestens aufgehoben. Ein weiteres Plus: Die Pflanzen brauchen im Beet weniger Gießwasser als Pflanzen in Töpfen.

Alles in Reichweite Hoch aufgemauerte Beete wie dieses kommen in der Bewegung eingeschränkten Hobbygärtnern sehr entgegen. Gelenke werden geschont, niemand muss am Boden knien oder sich tief beugen. Diese Buschtomaten danken das reiche Platzangebot durch üppigen Wuchs über den Rand hinaus. Bald entwickeln sich die farbenfrohen Früchte und sind schnell gepflückt.

Besonders bequem Auf der breiten Abschlusskante dieses Hochbeetes kann man bequem Platz nehmen, während man rings um die dicht gepflanzten Salate, Möhren und Zwiebeln jätet. Der rückwärtige Zaun ist mit Spaliertomaten dicht begrünt, so wird zugleich der begrenzte Platz optimal genutzt – Intensivanbau im besten Sinne.

Gemüse »undercover«

Viele Gemüsepflanzen sind, vor allem solange sie noch jung und zart sind, durch kalte Witterung oder hartnäckige Schädlinge stark gefährdet. Der beste Weg, solche Verluste zu vermeiden, sind verschiedene Schutzabdeckungen.

*Fotos im Uhrzeigersinn von links
(großes Bild)*

Netzabdeckung Über Drahtbügel
gespannte Netze schützen jungen Kohl,
etwa vor Tauben. Feineres Gewebe hält
auch gefräßige Schmetterlingsraupen ab.

Gläsernes Frühbeet In einem gut iso-
lierten Frühbeet sprießen selbst während
kühlerer Monate knackige Salate, wie diese
auffallend dunklen Blattsalate und die
Asia-Salate Mizuna und Mibuna.

Positiver Treibhauseffekt Hier drängen
sich alle möglichen Sämlinge und warten
darauf, vereinzelt und abgehärtet zu werden. Auch bei einem kleinen Garten kann
sich die Anschaffung eines Gewächshauses
als »Kinderstube« lohnen.

Unter Dach und Fach In einem solchen
Kleinstgewächshaus sind Freilandtomaten in
der Abhärtungsphase gut gegen nächtliche
Kälte geschützt. Der Flächenverbrauch
dieses Pflanzsackes aus Folie ist minimal.
Gibt es in allen Standard-Größen.

Basics für Anfänger

Selbst einen Gemüsegarten anzulegen mag manchem Wochenendgärtner etwas gewagt erscheinen. Mit der sorgfältigen Wahl des Standorts und einer Bodenanalyse legen Sie aber schon mal zwei wichtige Grundsteine zum Erfolg. Anfangs empfehlen sich weniger heikle Gewächse wie Salate und Kräuter, mit wachsendem Selbstvertrauen kann man das Spektrum erweitern. Sie erfahren in diesem Kapitel alles Wesentliche über den Anbau beliebter Gemüsesorten und die dafür nötige Ausrüstung.

Der Standort

Vor allem in kleineren Gärten findet sich der perfekte Standort für Gemüse nicht immer leicht. Empfehlenswert ist, auf drei unverzichtbare Dinge zu achten: Genug Sonne, etwas Windschutz und Gießwasser in der Nähe.

Geschützte und besonnte Mauern

Eine sonnige Mauer sorgt für einen gewissen Windschutz. Außerdem reflektiert sie tagsüber die Wärme und speichert sie sogar. Sie kann sie nachts, wenn die Lufttemperatur sinkt, wieder abstrahlen. Ein solcher Platz ist ideal für Wärme liebende Pflanzen wie Tomaten, Auberginen und Paprika. Daher sollte man ihn optimal nutzen, indem man den Boden aufbessert, ein Hochbeet anlegt oder am Fuß der Mauer ein paar Töpfe aufstellt. Ganz wichtig bei guter Wärmezufuhr ist ausreichendes Gießen.

Tipps für besonnte Mauern
- Ein an der Mauer montiertes Spaliergitter dient zum Anbinden hoher oder kletternder Pflanzen.
- Vor einer besonnten Mauer lassen sich hervorragend Tomaten im Pflanzsack vorziehen.
- Wagen Sie hier Neues. Experimentieren Sie mit ungewöhnlicheren Sorten wie Zuckermais und Chili.

Kleine Gemüsebeete

Um aus einer kleinen Fläche das Beste zu machen, sollte man die Bepflanzung sorgfältig planen, sodass möglichst viele verschiedene Arten und Sorten Platz finden. Zwar wirkt eine ganze Gemüse-Reihe an sich schon attraktiv, doch machen ein paar zusätzliche Blütenpflanzen das Arrangement noch interessanter und locken darüber hinaus bestäubende Insekten an. Eine dichte Bepflanzung lässt zudem Unkräutern kaum eine Chance. Ein kleiner Nachteil: Die Erträge fallen nicht ganz so reichlich aus.

Tipps für kleine Gemüsebeete
- Um bei hoher Pflanzdichte die Nährstoffversorgung zu sichern, im Herbst viel organische Substanz einarbeiten.
- Sorten mit auffälligen Farben und Formen machen ein Beet zu einem echten Blickfang.
- Meiden Sie die Nähe zu hohen Hecken, sie werfen Schatten und entziehen dem Boden viel Feuchtigkeit.

Ein Erfolgskonzept: Gemüsevielfalt vor einer sonnigen Mauer.

Bei dichter Bepflanzung bleibt kaum Platz für Unkraut.

Anbau unter besonderem Schutz

Gewächshaus, Frühbeete und andere Abdeckungen erlauben die Pflanzenanzucht bereits im zeitigen Frühjahr, verlängern die Wachstumsperiode bis in den späten Herbst und ermöglichen den Anbau von Gemüse und Kräutern, die ohne Schutz in unseren Breiten nicht gut zurechtkämen. Bevor man aber einkauft, ist zu prüfen, ob ein geeigneter Standort vorhanden ist: viel Sonne und genügend Abstand zu schattigen und nährstoffraubenden Gewächsen wie Bäumen oder Hecken sollte möglich sein. Bedenken Sie darüber hinaus, dass die Kultur unter Glas oder Folie zusätzliche Zeit kostet. Man muss regelmäßig gießen und die Temperatur regulieren.

Tipps zum Anbau unter Glas und Folie

- Regelmäßige Belüftung führt übermäßige Feuchtigkeit ab, die die Ausbreitung von Krankheiten begünstigen würde. Praktisch ist ein automatisches Belüftungssystem.
- Ein Wasseranschluss oder eine Regentonne neben dem Gewächshaus macht das Gärtnerleben leichter.
- Nutzen Sie Frühbeete und mobile Abdeckungen als »Kinderstube« für zarte Sämlinge und Jungpflanzen.
- Auch hinter einem sonnigen Fenster kann die Kultur wärmehungriger Pflanzen gelingen.

Containerkultur

Wer nur einen kleinen oder gar keinen Garten zur Verfügung hat, aber trotzdem eigenes Gemüse ernten möchte, kann auf Töpfe, Tröge oder Blumenkästen ausweichen. Tomaten, Salate, kleinwüchsige Bohnen, Kräuter, manches Wurzelgemüse und anderes mehr gedeiht gut in Gefäßen, die auf Terrassen, Treppenstufen und Fensterbänken zudem sehr hübsch aussehen. Die Containerkultur empfiehlt sich auch in Gärten, deren Böden extrem nährstoffarm oder mit Schädlingen bzw. Krankheitserregern infiziert sind. Pflanzgefäße und Erde guter Qualität haben allerdings ihren Preis und die Pflanzen darin brauchen für eine reiche Ernte natürlich regelmäßige Pflege wie Gießen und Düngen.

Tipps zur Containerkultur

- Um Kosten zu sparen, kann man z.B. verzinkte Eimer oder Plastikgefäße kreativ als Töpfe zweckentfremden.
- Damit keine Staunässe entsteht, müssen Pflanzgefäße am Boden Abzugslöcher haben.
- Wählen Sie möglichst große Töpfe, die entsprechend länger Feuchtigkeit speichern.
- Wählen Sie Sorten, die tatsächlich für Containerkultur geeignet sind, etwa kleine, runde Möhren.

Gewächshäuser brauchen einen vollsonnigen Standort.

Farbenfrohes Gemüse wie dieser Mangold setzt reizvolle Akzente.

Den Boden kennen und vorbereiten

Das Wohl der Pflanzen hängt wesentlich von der Struktur, Durchlässigkeit und Fruchtbarkeit des Bodens sowie von seinem pH-Wert ab. Eine erste Analyse kann man selbst machen. Sie gibt konkrete Hinweise zur Bodenverbesserung.

Bodenzustand Ein gesunder, fruchtbarer Boden ist gut durchlässig, hält aber so viel Wasser, dass die Wurzeln ausreichend versorgt sind. Er hat eine satt dunkelbraune Farbe, lässt sich leicht umgraben und beherbergt zahlreiche Lebewesen wie Regenwürmer, Käfer, Bakterien. Diese bewirken Zersetzungsprozesse im Boden, wodurch Nährstoffe frei werden und das Wasserhaltevermögen steigt. Es empfiehlt sich, vor dem Anlegen eines Beetes Kompost oder Stallmist einzuarbeiten oder, nachdem man den Boden gut gewässert hat, damit zu mulchen.

Ermittlung des pH-Werts Er gibt Aufschluss über die Verfügbarkeit von Nährstoffen und das Vorkommen nützlicher bzw. eher unerwünschter Organismen im Boden. Bei pH 7 ist das Milieu neutral, darunter ist ein Boden sauer, darüber alkalisch. Gartenböden haben meist einen Wert zwischen

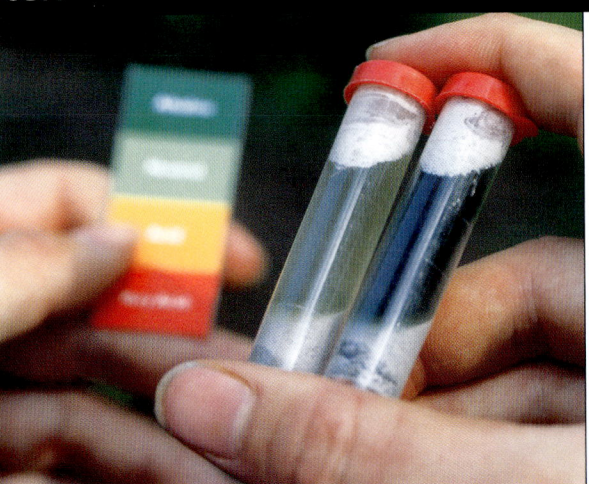

Ob ein Boden sauer oder alkalisch ist, lässt sich mit einem Test-Set, das man im Gartenfachhandel bekommt, schnell ermitteln.

4,5 und 7,5, für Gemüse ist 6,5 ideal. Durch Aufkalken lässt sich der pH-Wert erhöhen, ihn zu senken ist indes schwieriger. Mit einem speziellen Test-Set ist der pH-Wert eines Bodens im Nu bestimmt: Erde im Teströhrchen mit der chemischen Flüssigkeit (beides wird mitgeliefert) vermischen und die Farbe der Lösung mit der beiliegenden Skala vergleichen.

Bestimmung der Bodenart

Die Struktur eines Bodens hängt davon ab, in welchen Anteilen Ton, Lehm und Sand enthalten sind. Eine einfache Handprobe genügt zur Analyse. Feuchter Tonboden bildet Klumpen, wenn man ihn glatt streicht, glänzt er. Er ist schwer, hält aber gut Nährstoffe und Wasser. Sandboden rieselt leicht durch die Finger. Er lässt sich gut umgraben, trocknet jedoch schnell aus und Nährstoffe werden rasch ausgewaschen. Die goldene Mitte ist der Lehm. Er fühlt sich nicht ganz so glatt an wie Ton, lässt sich aber in der Hand rollen. Vieles gedeiht in lehmiger Erde.

Schwerer Tonboden lässt sich durch feinen Kies auflockern.

Komposterde mehrt die Speicherfähigkeit von Sandboden.

Aufbessern mit organischer Substanz Die Struktur eines Bodens lässt sich optimieren, indem man ihn einmal im Jahr mit organischem Dünger anreichert. Vor allem sandige Böden profitieren davon, weil sie danach besser Wasser und Nährstoffe binden. Schwerer, kompakter Tonboden wird durch Einarbeiten von feinem Kies oder Sand, vermischt mit Komposterde, aufgelockert.

Während einer Trockenperiode im Herbst oder Winter das Material, ideal sind gereifter Kompost, Stallmist oder gebrauchtes Pilzsubstrat, 10–15 cm hoch auf dem Boden verteilen und spatentief untergraben. Alternativ eine Gründüngerpflanze, z. B. Senf, aussäen. Schneiden, bevor die Pflanzen verholzen. Nachdem sie verwelkt sind: gründlich untergraben.

Mulchen Hierbei wird der Boden – am besten mit natürlicher, organischer Substanz – großzügig bedeckt. So bleibt die Feuchtigkeit in der Erde, die Temperatur wird reguliert und Unkräuter können gar nicht erst keimen. Ein weiteres Plus von natürlichem Mulch (gut sind Gartenkompost, gut verrotteter Stallmist, Pilzsubstrat oder auch Stroh): Regenwürmer befördern einen Teil ins Erdreich hinein, wo das Material anschließend verrottet und zur Verbesserung der Bodenstruktur beiträgt. Der Mulch wird rings um die Pflanzen ausgebracht. Allerdings spart man, um Fäulnis vorzubeugen, den Bereich unmittelbar um die Pflanzenbasis aus. Auch muss der Grund beim Mulchen ausreichend feucht sein, da Wasser künftig nur langsam durch die Abdeckung dringen kann.

Saure Böden aufkalken Durch Einarbeiten von Kalk wird der pH-Wert von sauren Böden erhöht und deren Eignung für den Gemüseanbau verbessert. Am sichersten ist die Verwendung von kohlensaurem Kalk. Tonböden erfordern eine höhere Dosierung als Sandböden. Beachten Sie die für den Bodentyp empfohlene Menge. Gekalkt wird im Herbst oder Winter, und zwar frühestens 4 Wochen nach dem Untergraben von organischem Material. Die Gesamtfläche in Quadratmeter einteilen, die für 1 m² benötigte Kalkmenge abmessen und mit einem Spaten gleichmäßig über ein Teilstück nach dem anderen streuen. Zuletzt den Kalk auf der gesamten Fläche mit dem Rechen einarbeiten. Schützende Kleidung, Handschuhe, Schutzbrille und Mundschutz (Apotheke) tragen.

Den Boden kennen und vorbereiten *(Fortsetzung)*

Unkraut entfernen Als Erstes die ausdauernden, tiefer wurzelnden Unkräuter vollständig ausstechen. Dann den feinen Bewuchs aus einjährigen Unkräutern mit dem Spaten dünn abheben und die Stücke beiseite legen. In dem jetzt unkrautfreien Bereich eine Furche graben und die abgenommenen Stücke mit dem Bewuchs nach unten einfüllen. Auf diese Weise kann man eine große Fläche komplett säubern. Das Unkraut verrottet und trägt somit zur Bodenverbesserung bei.

Unkräuter mit dem Spaten abheben.

Die Stücke umgedreht in eine Furche füllen.

Spatentief umgraben Bei dieser Art der Bodenvorbereitung wird zunächst organisches Material gleichmäßig auf der gesamten Fläche verteilt. Dann über die gesamte Länge einen etwa 30 cm breiten Graben spatentief ausheben, die übrige Erde an der Seite oder am Ende der Bearbeitungsfläche zwischenlagern. Neben dem ersten Graben einen zweiten ausheben, die übrig gebliebene Erde in den ersten Graben füllen. So fortfahren. Den letzten Graben mit der anfangs abgeladenen Erde auffüllen.

Zwei Spaten tief umgraben Die Methode funktioniert wie obige, ist allerdings nur für einen ausreichend tiefen Mutterboden geeignet. Einen 60 cm breiten Graben zwei Spaten tief ausheben, etwas Komposterde einfüllen. Einen zweiten Graben gleicher Größe schaffen, mit dem Aushub den ersten Graben auffüllen und in den zweiten Graben organisches Material einarbeiten. Nun folgt der nächste Graben. Vorsicht: Bei dünnem Mutterboden nur einen Spaten tief graben, sonst wird Bodenleben zerstört.

Feinkrümeliger Boden Damit Sämlinge einen guten Start hinlegen, muss der Grund von dickeren Steinen und alten Pflanzenresten befreit werden. Nach dem Umgraben empfiehlt es sich, die Erde noch einmal feinkrümelig aufzubereiten und zu ebnen. Dafür das Beet locker erst längs und dann quer rechen.

Die Düngung Eine gute Vorbereitung des Bodens verbessert seine Nährstoffvorräte. Trotzdem kann auf erstmals kultivierten oder kargen Böden im Lauf der Saison eine zusätzliche Düngung auf der Erdoberfläche notwendig werden. Mineralische Dünger enthalten je nach Verwendungszweck Stickstoff (N), Phosphor (P) und Kalium (K) in variablen Anteilen. Wählen Sie das für Ihren Bedarf passende Produkt und befolgen Sie die Dosierempfehlung – Überdüngung kann die Pflanzen schädigen. Ziehen Sie Handschuhe an, bevor Sie den Dünger gleichmäßig über dem Wurzelbereich verteilen. Nicht auf die Blätter streuen, das könnte Verätzungen hervorrufen. Mit einer Hacke vorsichtig einarbeiten.

Kompost herstellen

Jeder Hobbygärtner sollte Platz für einen kleinen Komposthaufen finden. Richtig kompostiert, ergeben Küchen- und Gartenabfälle wertvolles Substrat, das jeden Boden erheblich verbessert.

Ausgereifter Kompost Er hat eine dunkelbraune Farbe, ist krümelig und riecht angenehm erdig. Der Verrottungsprozess funktioniert mit Sauerstoff, Feuchtigkeit und einem ausgewogenen Verhältnis von stickstoff- sowie kohlenstoffreichen Abfällen (*siehe rechts*). Trotzdem ist die Herstellung von eigenem Kompost keine Hexerei.

Geeignete Komposter-Typen Die Wahl richtet sich nach der Größe des Gartens und der Menge an organischen Abfällen, die dieser abwirft. Optik und Preis spielen natürlich auch eine Rolle, Beispiele sehen Sie unten. Setzen Sie den Komposter auf die nackte Erde, füllen Sie geeignetes Material ein und überlassen Sie der Natur den Rest. Denken sie an eine lockere Abdeckung gegen Nässe. Am allerbesten wären zwei Komposter. So kann man immer wieder umsetzen – Durchlüftung beschleunigt den Reifeprozess – und hat immer einsatzbereiten Kompost.

Holzkomposter mit abnehmbaren Frontbrettern, die das Wenden des Inhalts erleichtern, kann man kaufen oder auch selbst zimmern.

Solche tonnenförmigen Modelle aus Plastik sind relativ preiswert, aber das Wenden des Komposts gestaltet sich schwierig.

Drahtbehälter eignen sich besonders zur Bereitung von Laubhumus und sind im Nu selbst gemacht.

Was darf auf den Kompost?

Nahezu alle organischen Gartenabfälle lassen sich kompostieren. Tabu
sind infiziertes Pflanzenmaterial und
Unkräuter und, da sie Ungeziefer
anlocken, Essensreste.

Und so klappt es:

Stickstoffreiche (grüne) Abfälle
fördern die Zersetzung, sind aber zur
besseren Durchlüftung der Masse
durch gleichviel kohlenstoffreiche
(braune) Abfälle zu ergänzen.

- Kohlenstoffreich: Gehölz- und
  Heckenschnitt (muss meist gehäck-
  selt werden), Zweige, Herbstlaub,
  zerrissene Zeitungen und Pappen.
- Stickstoffreich: Grasschnitt, krau-
  tige Pflanzenteile, Gemüse, Obst-
  und Gemüseabfälle aus der Küche,
  Teebeutel, Kaffeesatz, Eierschalen.

Gehölzschnitt: ab in den Kompost.   Vorher sperriges Material zerkleinern.

Einen Kompostgraben anlegen

Die zuvor genanten Küchenabfälle
lassen sich auch in einem Graben
kompostieren. Man legt ihn am besten
im Herbst an, denn dann liegen weite
Teile des Gartens brach und das
Abfallmaterial kann bis zur nächsten
Pflanzperiode im Frühjahr in aller Ruhe
vor sich hin rotten. Der äußerst nähr-
stoffreiche Kompost, der sich dabei
ergibt, behagt vor allem Prunkbohnen,
Kürbissen und anderen wuchskräf-
tigen Pflanzen.
Einen etwa 30 cm breiten Graben
spatentief ausheben und mit abwech-
selnden Lagen aus Abfällen und Erde
füllen. Mit einer Erdschicht abdecken
und vor dem Bepflanzen mindestens
2 Monate ruhen lassen. Gekochte
Speisereste und Fleisch, die ungebe-
tene Gäste anlocken, sind auch in
diesem Fall zu vermeiden.

Küchenabfälle im Graben verteilen.

Darauf kommt eine Schicht Erde.

Kluges Wassermanagement

Wasser ist ein kostbares Gut – in extrem heißen, trockenen Witterungsperioden umso mehr. Man sollte es daher effizient nutzen und möglichst sogar ein eigenes Reservoir anlegen.

Gesunde Pflanzen Bei Trockenheit beginnen Pflanzen zu kränkeln. Aber statt täglich oberflächlich zu gießen, wässert man besser seltener und dafür gründlich. Die Erde sollte tief durchfeuchtet werden, am besten abends oder morgens, um die Verdunstung gering zu halten.

Regenwasser Vom Haus-, Gara-
gen-, Schuppen- oder Gewächshaus-
dach ablaufendes Regenwasser kann
man gut in einer Tonne auffangen
und zum Wässern des Gartens
nutzen – eine sinnvolle Strategie, die
Geld und wertvolles Trinkwasser spart.
In heißen Sommern reicht die Menge
natürlich nicht immer aus.
Dort, wo man viel Wasser im Garten
braucht, etwa bei einem Gewächshaus, eigens einen Wasseranschluss
zu installieren, ist meist aufwendiger
als das Aufstellen einer Regentonne.
Damit eine Gießkanne unter ihren
Auslass passt, braucht die Tonne
ein höheres Fundament oder einen
Ziegelsockel. Zum Verhüllen genügen
einige Zierpflanzen wie Gräser und
Bambus (*siehe rechts*) oder hohe
Reihen von Prunkbohnen.

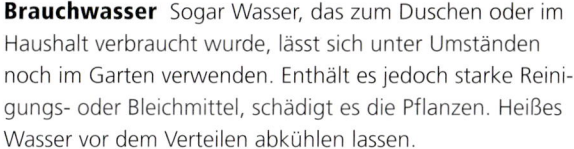

Brauchwasser Sogar Wasser, das zum Duschen oder im
Haushalt verbraucht wurde, lässt sich unter Umständen
noch im Garten verwenden. Enthält es jedoch starke Reini-
gungs- oder Bleichmittel, schädigt es die Pflanzen. Heißes
Wasser vor dem Verteilen abkühlen lassen.

Gezielt gießen Indem man nicht großflächig von oben,
sondern gezielt den Wurzelbereich gießt, gelangt das
Wasser direkt dorthin, wo es sein soll. Zudem verdunstet
im Schatten des Laubes weniger von dem kostbaren Nass,
und benachbarte Unkräuter gehen leer aus.

Die wichtigsten Gartenwerkzeuge

Selbst mit einer guten Ausrüstung funktioniert Gärtnern natürlich nicht wie von Zauberhand. Aber vieles geht doch leichter und macht somit entschieden mehr Spaß.

Gut aufgeräumt Zur Grundausstattung des Gärtners gehören z.B. Schaufel, Spaten, Gabel, Rechen, Pflanzkelle, Hacke und Gartenschere. Gut gepflegt, nach Bedarf fachmännisch geschärft und an einem trockenen Ort aufbewahrt, leisten sie jahrelang hervorragende Dienste.

Spaten und Gabeln

Sie gehören zu den meistverwendeten Werkzeugen des Gemüsegärtners. Daher ist in diesem Fall das Beste gerade gut genug. Achten Sie beim Kauf darauf, dass das Gerät gut in der Hand liegt und die Stiellänge zu Ihrer Körpergröße passt.

- **Standard-Spaten** Etwa 28x20 cm großes Blatt; für die effiziente Bearbeitung großer Flächen.
- **Klein-Spaten** Aufgrund des kleineren Blatts leichter zu handhaben. Ideal für kleinere Areale.
- **Grabgabel** Mit vier Zinken von etwa 30 cm Länge. Optimal für schwere Aufgaben.
- **Handgabel** Kleineres Format und leichteres Gewicht. Perfekt für den Einsatz auf engem Raum.

Gabel zum Auflockern des Bodens.   Anhäufeln mit dem Spaten.

Rechen und Hacken

Sie dienen zur Bodenvorbereitung vor dem Pflanzen und zur Unkrautbekämpfung. Praktisch bei wenig Stauraum sind Kombi-Systeme mit nur einem Stiel, auf den man verschiedene Einzelwerkzeuge aufstecken kann.

- **Metallrechen** Mit diesem etwa 30 cm breiten, mit kurzen Zinken besetzten Gerät zerkrümelt man die Erde.
- **Holzrechen** Die Arbeitsbreite dieses Geräts liegt bei etwa 75 cm. Zum Einebnen von Beeten.
- **Stoßhacke** Man stößt das scharfe, geschliffene Blatt flach in die Erde, um Unkrautwurzeln zu durchtrennen.
- **Ziehhacke** Durch kurze Zugbewegungen in Richtung Körper entwurzelt man mit diesem Gerät Unkräuter. Es ist auch zum Anlegen von Saatrillen zu verwenden.

Jäten mit der Ziehhacke.   Fein krümeln mit dem Rechen.

Pflanzwerkzeuge

Wenn man es mit Sämlingen und Jungpflanzen zu tun hat, braucht man kleinere Werkzeuge, die den zarten Nachwuchs nicht verletzen. Bei solchen körperlich nicht anstrengenden Arbeiten kommt es weniger darauf an, dass das Werkzeug leicht ist, sondern vor allem darauf, dass es sich leicht und präzise handhaben lässt.

- **Handgabel** Meist 3-zinkig und mit einem Holz- oder Plastikgriff versehen; zum Pflanzen und Jäten.
- **Pflanzkelle** Mit dem stets kurzen, mehr oder weniger breiten Blatt perfekt zum Graben von Pflanzlöchern.
- **Pikierstab** Aus Kunststoff, Metall oder Holz gefertigt. Nicht nur zum Vereinzeln von Sämlingen nützlich, sondern auch, um kleine Pflanzlöcher zu bohren.

Rillen mit der Pflanzkelle ziehen. | Vereinzeln mit dem Pikierstab.

Stützen und Netze

Kletternde Gemüsepflanzen brauchen eine Stütze. Diese hilft hochwüchsigen Arten außerdem, bei starken Winden oder unter der Last der Früchte nicht umzuknicken. Manche Unterstützung sieht ausgesprochen dekorativ aus.

- **Bambusstäbe** Zu einer Zeltform verbunden oder in Reihe in den Boden gesteckt, stützen sie alle Arten, die höher hinauswollen.
- **Zweige** Eine Reihe von Hasel- und Birkenruten bildet die perfekte Rankhilfe für Doppelreihen von Erbsen.
- **Maschendraht** Zwischen Stäbe gespannt, bietet er den Ranktrieben von Erbsen optimalen Halt.
- **Nylonnetze** Ein Netz hält Vögel und andere Eindringlinge zumindest für eine Weile vom Gemüse ab.

Bohnen klettern an Bambus. | Maschendraht stützt Erbsen.

Abdeckungen

Sie schützen Jungpflanzen und ermöglichen eine frühe Ernte. Glashauben sind am effizientesten, Kunststoffhauben hingegen preiswerter und deutlich bruchfester.

- **Kunststofftunnel** Unter ihnen finden ganze Pflanzenreihen Schutz. Dank des geringen Gewichts leicht umzusetzen, müssen sie aber fest verankert werden.
- **Improvisierte Hauben** Getränkeflaschen aus Plastik durchschneiden. Die oberen Hälften – zur ausreichenden Belüftung ohne Stöpsel – über die Pflanzen stülpen.
- **Glasglocken** Hübsch und praktisch: Zum Lüften wird der Deckel einfach gedreht.
- **Kunststoffglocken** Sie sind erschwinglich und flexibel. Damit sie nicht wegwehen, muss man sie fixieren.

Tunnel beherbergen Reihen. | Improvisierte Hauben tun es auch!

Wärme und Schutz für Sensibelchen

Unter Glas, Kunststoff oder in Frühbeetkästen sind Pflanzen vor Schädlingen
besser geschützt und gedeihen selbst
bei kühler Witterung.

Flaschen-Recycling Viele Pflanzen schätzen
es, wenn man sie gegen kühle Temperaturen
abschirmt. Statt teurer, gekaufter Hauben eignen
sich auch Kunststoff-Flaschen, von denen der
untere Teil abgeschnitten wurde.

Wellen-Tunnel Große Pflanzenreihen finden unter solchen Kunststofftunneln Platz. Für eine gute Belüftung lässt man, so oft es geht, die Enden offen. Für maximalen Schutz bei Kälte verschließt man sie. Da kein Regen an die Pflanzen gelangt, muss man regelmäßig gießen.

Rundum-Kunststoff Ideal für die Anzucht von Jungpflanzen in Reihen und für Gemüsearten wie Zucchini oder Frühkartoffeln, die mehr Raum einnehmen. Auch zum Trocknen frisch geernteter Zwiebeln geeignet. Solche »Leichtgewichte« müssen fest verankert werden.

Frühbeet An einem geschützten, sonnigen Standort platziert und mit Ziegeln oder Holz gerahmt, ist es eine gute Alternative zu einem Gewächshaus, gerade bei wenig Platz. Da die Fenster schräg aufliegen, läuft das Regenwasser ab. Bei Sonnenschein fällt viel Licht ein. Solch ein Frühbeet, das sogar über einen festen Boden verfügen kann, eignet sich gut zum Akklimatisieren von drinnen gezogenen Jungpflanzen. Man kann auch aufgebesserte Erde einfüllen und schon vor Beginn der richtigen Freilandsaison Salate oder Zucchini vorziehen. Tagsüber, sofern das Wetter es erlaubt, die Fenster aufklappen, damit die Pflanzen frische Luft bekommen. Und natürlich regelmäßig und reichlich gießen.

Gewächshauskultur

Im Gewächshaus wachsen die Pflanzen früher und bringen höhere Erträge. Wer ganzjährig damit arbeiten will: Eine Heizung sichert die Mindesttemperatur.

Berieseln Bei allzu trockener Luft können die Pflanzen rasch welken. Daher an heißen Sommertagen auch den Boden und die Stellagen des Gewächshauses gleichmäßig mit der Gießkanne berieseln.

Temperaturregulierung Damit die Pflanzen im Gewächshaus nicht unter extremer Hitze zu leiden haben und junge Blätter nicht durch intensive Besonnung verbrennen, muss man vorbeugen. Preiswert und effizient ist Schattierfarbe, die man im Frühsommer von außen auf die Glasflächen aufträgt und im Spätsommer wieder abwäscht. Nicht ganz so wirksam ist Schattiergewebe, das man ebenfalls außen anbringt.

Um das Gewächshaus frostfrei zu halten, bietet der Fachhandel spezielle Heizsysteme. Praktisch ist ein Heizlüfter mit Thermostat, der bei abgeschaltetem Heizelement auch für Kühlung sorgt. Lassen Sie den Anschluss dafür von einem qualifizierten Elektriker installieren.

Im Sommer mit Schattierfarbe streichen.   Alternativ Schattiergewebe anbringen.

Belüftung Sogar im Winter ist sie im Gewächshaus vonnöten, um feuchte Luft abzuführen. Im Sommer dient die Belüftung zusätzlich der Temperaturregulierung: Dachluken lassen heiße Luft entweichen, während durch Öffnungen im unteren Bereich frische Luft nachströmt. In sehr kühlen Nächten die Klappen weitgehend schließen.

Stellagen Im Frühjahr sind alle Abstellflächen im Gewächshaus mit Anzuchtschalen und Töpfen besetzt. Nachdem der Nachwuchs dann ins Freiland umgesiedelt wurde, nehmen die Stellagen oft Platz weg. Wie gut, wenn man sie, sobald es Zeit wird für die sommerliche Hochsaison, einfach herunterklappen kann.

Welches Gemüse passt wohin?

Angesichts der Fülle von Gemüse- und Kräutersorten, die man anbauen könnte, fällt die Auswahl schwer. Bei sorgfältiger Planung lässt sich jedoch selbst auf begrenztem Raum eine unglaubliche Vielfalt unterbringen.

Ganz nach Geschmack Verlockt durch all die faszinierenden Sorten, die man bei einem Streifzug durch ein Gartencenter entdeckt, könnte man leicht vergessen, was wirklich passt. So prächtig sich der Grünkohl oder Kohlrabi auf dem Gemüsebeet auch ausnehmen mag, hat man doch letzten Endes nicht viel davon, wenn man beides nicht gern isst. Andererseits gibt es vielleicht Gemüse oder Kräuter, die man regelmäßig in der ganzen Stadt sucht oder dafür tief in die Tasche greifen muss. Warum also nicht selbst ziehen?

Optimale Raumplanung Ziehen Sie aus jedem Fleckchen Erde maximalen Nutzen. Wie lange bleibt eine Gemüsesorte im Boden und was könnte an ihrer Stelle im Anschluss wachsen? Mischkultur, etwa Tomaten kombiniert mit Salat (*siehe unten*), ist ein Patentrezept. Bevor die langsamer wachsenden Pflanzen ihr Terrain komplett einnehmen, reift zwischendrin schnell noch ein anderes Gemüse heran. Kleine Beete, die man von einem angrenzenden Weg leicht erreicht, lassen sich dicht an dicht bepflanzen, da man keine Trittflächen vorsehen muss.

Intelligentes Gärtnern Arbeiten Sie nicht gegen die Natur, sondern mit ihr. Dazu gehört, bei der Pflanzenauswahl die Bodenbeschaffenheit und die herrschenden Klimabedingungen zu berücksichtigen. In kühlen Gegenden empfiehlt sich eventuell die Anschaffung eines Gewächshauses oder Frühbeetes bzw. die Anzucht von frühen und wärmehungrigen Sorten auf einer warmen Fensterbank oder in einem Wintergarten. Tipp: Wenn man in Abständen von 2–3 Wochen mehrere kleinere Aussaaten vornimmt, kann man über einen langen Zeitraum ernten.

Salat ist ein perfekter Partner für Tomaten: Bis diese sich richtig ausbreiten, ist der Salat schon geerntet.

Fruchtwechsel auf drei Beeten

Das Rotationsprinzip Generell sind nach ihren Boden-
und Nährstoffansprüchen drei Gruppen von Gemüse zu
unterscheiden: Wurzelgemüse, Hülsenfrüchte und Kohlgewächse. Man baut immer nur Angehörige einer Gruppe
zusammen an, die Gruppen wechseln die Beete jährlich
in fester Folge. So werden ihre jeweiligen Ansprüche am
besten erfüllt. Hülsenfrüchte binden Stickstoff, ihnen
folgen stark zehrende Kohlgewächse, danach kommen
Wurzelgemüse, die weniger Stickstoff benötigen und den
Boden für die tief wurzelnden Hülsenfrüchte auflockern,
die im Folgejahr wieder dran sind. Kürbisarten, Fruchtge-
müse und Salate passen zu jeder der Gruppen.

Wechsel ist wichtig Auch in Kleingärten ist Fruchtwechsel ratsam. Denn wenn an einer Stelle stets dasselbe
Gemüse wächst, können sich auf diese Art Krankheitser-
reger und Schädlinge in der Erde stark anreichern. Zudem
reguliert der Wechsel den pH-Wert des Bodens. Nur Kohl
braucht eventuell zusätzlich Kalk.

Beet 1
- 1. Jahr: Wurzelgemüse.
  Vor Aussaat großzügig Kompost
  einarbeiten.
- 2. Jahr: Hülsenfrüchte.
  Boden mit reichlich Kompost oder
  Stallmist aufbessern.
- 3. Jahr: Kohlgewächse.
  Sauren Boden aufkalken, erneut
  Kompost einarbeiten.

Beet 2
- 1. Jahr: Hülsenfrüchte.
  Boden mit reichlich Kompost oder
  Stallmist aufbessern.
- 2. Jahr: Kohlgewächse.
  Kompost, bei saurem Boden unbedingt auch Kalk zugeben.
- 3. Jahr: Wurzelgemüse.
  Weitere organische Substanz
  untergraben.

Beet 3
- 1. Jahr: Kohlgewächse.
  Kompost zufügen, sauren Boden
  entsprechend aufkalken.
- 2. Jahr: Wurzelgemüse.
  Bodenqualität durch mehr Kompost
  verbessern.
- 3. Jahr: Hülsenfrüchte.
  Mist sorgt für Nährstoffe und
  Feuchtigkeit im Boden.

Wurzelgemüse

Die meisten Arten gedeihen prächtig, wenn man sie direkt ins Freiland aussät und lediglich regelmäßig jätet. Bei passender Sortenwahl und gut überlegten Folgesaaten kann man diese Küchenklassiker bis in den späten Herbst ernten.

Anbau

Wo Ideal ist meist ein gut drainierter, leicht saurer Grund, der mit Kompost angereichert wurde. Kartoffeln schätzen jedoch eher mit Stallmist aufgebesserte Erde. Nicht aufgekalkter, saurer Boden begünstigt bei Radieschen und Rüben die Ausbreitung der gefürchteten Kohlhernie. Langes Wurzelgemüse wächst in steinigen Böden nicht ebenmäßig.

Wann Ab dem zeitigen Frühjahr kann man die meisten Arten an Ort und Stelle aussäen (Tiefe der Saatrillen *siehe Tabelle unten*). Mit Erde bedecken und gut wässern. Möhren, Rote Bete, Speiserüben und Radieschen für eine kontinuierliche Ernte in Abständen von einigen Wochen mehrmals in Folge aussäen. Saatkartoffeln – an einem kühlen, hellen Ort vorgekeimte Knollen – legt man in tiefe Rillen oder Pflanzlöcher.

Pflege Die Sämlinge auf den empfohlenen Abstand ausdünnen. Regelmäßig jäten, in Trockenperioden gießen. Kartoffeln brauchen Frostschutz und müssen im Verlauf des Wachstums regelmäßig angehäufelt werden. Bei feuchter Witterung droht Kraut- und Braunfäule. Auch bei Möhren, Pastinaken und Kohlgemüse besteht Anfälligkeit für bestimmte Schädlinge und Krankheiten (*siehe Seite 112–115*). Wählen Sie daher möglichst resistente Sorten und betreiben Sie Prophylaxe.

Ernte und Lagerung Die meisten Wurzeln können im Boden verbleiben, bis sie gebraucht werden, sollten aber gegen Frost geschützt werden. Kartoffeln im Frühherbst ausgraben, einige Stunden abtrocknen lassen und in Papiersäcken kühl und trocken lagern.

Saattiefe und Abstände

GEMÜSESORTE	SAATTIEFE	ABSTÄNDE ZWISCHEN	
		Pflanzen	Reihen
Frühkartoffeln	10 cm	30 cm	40 cm
Späte Kartoffelsorten	10 cm	38 cm	75 cm
Rote Bete	2,5 cm	10 cm	25 cm
Möhren	1–2 cm	10 cm	15 cm
Pastinaken	2 cm	15 cm	25 cm
Radieschen	1 cm	2,5 cm	15 cm
Speiserüben	2 cm	10 cm	25 cm

Knackige Möhren, frisch aus der Erde gezogen.

Nützliche Kulturtipps

Schutz vor der Möhrenfliege Ein 60 cm hohes feines Netz (alternativ Vlies oder Folie) um fest verankerte Stäbe gespannt und am unteren Rand eingegraben, hält Möhrenfliegen fern (*siehe links*). Denn die Weibchen fliegen auf der Suche nach einem Platz für die Eiablage dicht über dem Grund.

Topfkultur Möhren, Rote Bete und Radieschen gedeihen gut in Töpfen, die allerdings mindestens 25 cm weit und tief sein sollten (Kartoffeln brauchen größere Gefäße). Unter eine Abdeckung gestellt, kann man so die Saison früh beginnen.

Kartoffelanbau unter Mulchfolie Falls Ihnen das Anhäufeln von Kartoffeln zu mühsam erscheint, ziehen Sie sie unter dicker, schwarzer Folie. Sie hält Unkraut ab und regt, indem sie zur Bodenerwärmung beiträgt, den Wuchs an. Die Folie über jedem Pflanzloch kreuzweise einschneiden und die Ränder ringsum eingraben.

Beliebte Gruppenvertreter

Kartoffeln Für Kleingärten ideal sind frühe Sorten, die im Juni/Juli reif sind. Späte Sorten besetzen dagegen bis Herbstmitte den raren Platz.

Rote Bete Es gibt sie nicht nur in klassischem Rot, sondern auch in herrlich ungewöhnlichen, für Ihren Garten dekorativen Farben.

Pastinaken Unter dickem Stroh halten es die Wurzeln in einem milden Winter sogar unbeschadet im Boden aus.

Radieschen Fortlaufende Ernte gibt es durch Folgesaaten. Manch neue, bedingt winterharte Sorten werden erst im August gesät.

Kohlgewächse

Diese Gruppe umfasst viele frostverträgliche Sorten, etwa Weiß-, Rot- oder Grünkohl, die in kühleren Zeiten die Versorgung mit Gemüse sichern. Manche Sommergemüse und sogar Asia-Salate gehören dazu.

Die prächtigen, gesunden Kohlköpfe sind erntereif.

Anbau

Wo Da den meisten Arten ein feuchter, gut durchlässiger Boden behagt, geraume Zeit vor dem Pflanzen reichlich organische Substanz (Kompost, Mist) einarbeiten. Um Kohlhernie vorzubeugen, bei einem pH-Wert unter 6,8 entsprechend aufkalken und, damit sich der Pilzerreger nicht im Boden anreichert, Fruchtwechsel praktizieren. Festes Erdreich gibt den Pflanzen im Winter besseren Halt, daher das Beet vor der Pflanzung nicht zu tief umgraben. Kohlgewächse lieben volle Sonne, vertragen aber auch Halbschatten. Rosenkohl eventuell stützen.

Wann Die meisten Arten werden am besten in Frühbeeten oder Multitopfplatten (beim Gärtner) unter Glas vorkultiviert, bevor man die Jungpflanzen an ihren endgültigen Standort setzt. Im Sommer können Brokkoli und Kohlrabi direkt an Ort und Stelle gesät werden.

Pflege Kohlgewächse sind auf kühles Klima eingestellt, bei Hitze und Trockenheit neigen sie zum Schossen. In Trockenperioden frisch umgesiedelte Setzlinge daher täglich, ausgereifte Pflanzen wöchentlich wässern. Eine Strategie gegen die verbreitete Kohlfliege ist auf Seite 43 beschrieben. Um den Kohlweißling an der Eiablage zu hindern, die Pflanzen mit Vlies abdecken. Weitere Bedrohungen für Kohlkulturen stellen die Kohlhernie sowie Schnecken, Blattläuse, Weiße Fliegen und Tauben dar.

Ernte und Lagerung Winterharte Sorten können eventuell bis Winterende geerntet werden, die anderen rechtzeitig vor dem Schossen holen.

Saattiefe und Abstände

GEMÜSESORTE	SAATTIEFE	ABSTÄNDE ZWISCHEN	
		Pflanzen	Reihen
Weißkohl: Frühling	2 cm	25 cm	30 cm
Sommer/Herbst	2 cm	45 cm	45 cm
Winter	2 cm	45 cm	60 cm
Blumenkohl	2 cm	45 cm	60 cm
Rosenkohl	2 cm	60 cm	60 cm
Brokkoli	2 cm	20 cm	30 cm
Grünkohl	2 cm	45 cm	45 cm
Kohlrabi	2 cm	23 cm	30 cm

Nützliche Kulturtipps

Netze gegen Tauben In der kalten Jahreszeit ist Kohl für Tauben ein gefundenes Fressen. Eine Netzabdeckung (*siehe links*) schafft Abhilfe. Zum Stabilisieren dienen Maschendraht oder Stäbe aus einem Material, das auch winterlichem Wetter standhält.

Keine Chance für Kohlfliegen Die Weibchen legen ihre Eier an der Basis der Jungpflanzen ab. Um ihr Vorhaben zu durchkreuzen, deckt man die Erde rings um die Setzlinge ab. Dafür z.B. aus Karton 15 cm große Quadrate ausschneiden, bis zur Mitte einschneiden und wie einen dicht schließenden Kragen um den Stängelgrund legen.

Zweite Ernte Brokkoli und verwandte Arten bilden, nachdem man die mittlere Blume geschnitten hat, neue Sprosse. Häufiges Ernten fördert also den Wuchs zusätzlich. Bei Sommerkohl schneidet man den Kopf etwa 5 cm über der Basis und ritzt den Stumpf kreuzweise 1 cm tief ein. Dadurch wird die Pflanze angeregt, nochmals auszutreiben. Es sprießt ein lockerer Schopf von Blättern, die man ebenfalls ernten kann.

Beliebte Gruppenvertreter

Blumenkohl Er liebt schwere, fette Böden. Die Außenblätter kann man zum Schutz gegen Sonne über den Kohlkopf knicken.

Grünkohl Verträgt karge Böden, winterhart. Reizvoll gefärbte bzw. strukturierte Sorten beleben den Garten daher auch im Winter.

Rosenkohl Man erntet das klassische Wintergemüse, indem man die Röschen einzeln von unten nach oben vom Strunk abbricht.

Kohlrabi Die schnell wüchsigen Knollen ernten, solange sie nicht größer wie ein Tennisball sind. Auch roh schmecken sie vorzüglich.

Zwiebelgewächse

Zwiebeln, Knoblauch und Lauch sind auf gut durchlässigen Böden leicht zu kultivieren. Der Eigenanbau lohnt sich: Mit ihrem würzigen Geschmack sind sie aus unserer Küche nicht wegzudenken und sie sind überaus gesund.

Anbau

Wo Wegen ihrer Anfälligkeit für Pilzerkrankungen Zwiebelgewächse an einem sonnigen, offenen Standort in durchlässiger Erde ziehen und an Fruchtwechsel denken. Den Boden bei einem pH-Wert von unter 6,5 kalken. Bereits einige Monate vor dem Pflanzen Stallmist einarbeiten, kurzfristige Düngung verweichlicht die Knollen.

Wann Zwiebelgemüse (außer Knoblauch) im zeitigen Frühjahr unter Glas in Multitopfplatten oder, wenn erst später geerntet werden soll, gleich an Ort und Stelle aussäen. Unterglaskulturen vor dem Auspflanzen abhärten, im Freien ausgesäten Nachwuchs ausdünnen – der Abstand bestimmt die spätere Größe der Zwiebeln. Lauch setzt man, wenn er bleistiftgroß ist, in 15 cm tiefe und etwa 3 cm breite Löcher. Nicht auffüllen, nur gründlich wässern. Bei Lauchzwiebeln mehrere Folgesaaten vornehmen. Knoblauch kann nur aus Zehen, Zwiebeln und Schalotten können alternativ aus Steckzwiebeln gezogen werden. In dem Fall sind sie früher reif und weniger anfällig für die Zwiebelfliege.

Pflege Zwiebeln und Schalotten nur in extremen Trockenperioden gießen. Lauch hingegen dankt regelmäßiges Gießen und auch Mulchen. Den Boden unkrautfrei halten. Alle Zwiebelgewächse sind anfällig für verschiedene Pilzerkrankungen wie z.B. Falschen Mehltau oder Lauch-Rost. Vorbeugend gute Luftzirkulation und Drainage des Bodens sicherstellen, infizierte Pflanzen schnell entfernen und vernichten.

Ernte und Lagerung Lauch und Lauchzwiebeln erntet man grün. Zwiebeln, Schalotten und Knoblauch gräbt man dagegen erst aus, wenn das Laub vergilbt. Auf ein Drahtgitter legen und, sobald das Laub völlig eingetrocknet ist, an einem kühlen, trockenen Platz aufhängen.

Saattiefe und Abstände

GEMÜSESORTE	SAATTIEFE	ABSTÄNDE ZWISCHEN	
		Pflanzen	Reihen
Zwiebeln	2 cm	5–10 cm	30 cm
Schalotten	2,5 cm	15–20 cm	25 cm
Knoblauch (Zehen)	5–10 cm	10 cm	30 cm
Lauch	2,5 cm	15 cm	30 cm
Lauchzwiebeln	1 cm	1 cm	15 cm

Gesunder Lauch, soeben aus der Erde geholt.

Nützliche Kulturtipps

Zwiebeln setzen Ab zeitigem Frühjahr so in flache Rillen setzen, dass die Spitzen nach dem Andrücken der Erde noch zu sehen sind.

Lagerfähige Zwiebeln, Schalotten und Knoblauchknollen Wer vorhat, späte Sorten als Wintervorrat einzulagern, sollte geduldig sein und mit dem Ausgraben warten, bis das Laub zwischen Spätsommer und Frühherbst welkt. Solche gut ausgetrockneten Pflanzen lagern weitaus stabiler. Die Zwiebeln vorsichtig mit einer Gabel ausgraben, ohne sie zu verletzen. Trocken und dunkel, am besten auf einem Gitter, lagern.

Beliebte Gruppenvertreter

Zwiebeln Kleine oder wärmebehandelte Steckzwiebeln, die weniger zum Schossen neigen, sind eine gute Wahl für Neulinge.

Schalotten Mutterzwiebeln bilden ganze Nester mildaromatischer Brutzwiebeln. Eine lohnende Sache, denn sie zu kaufen ist recht teuer.

Knoblauch Pflanzen Sie keine Zehen aus dem Supermarkt. Besser: virusfreie Sorten vom Gärtner, geeignet für kühleres Klima.

Lauchzwiebeln Unkompliziert und schnell – ideal, um Lücken zwischen langsamer wachsenden Sorten zu füllen. Wie wär's mal mit Rot?

Hülsenfrüchte

Bohnen und Erbsen brauchen weniger Dünger als anderes Gemüse, denn ihre Wurzeln beherbergen Bakterien, die Stickstoff aus der Luft aufnehmen und binden. Nach der Ernte die nährstoffreichen Wurzeln im Boden lassen.

Die Zuckererbsen warten darauf, gepflückt zu werden.

Anbau

Wo Optimal für Hülsenfrüchte: volle Sonne und fruchtbare, leicht alkalische Böden. Wegen ihrer Anfälligkeit für ähnliche Schädlinge und Krankheiten empfiehlt es sich, Fruchtwechsel zu praktizieren (*siehe Seite 38–39*). Dicke Bohnen lieben tonhaltigen Grund, andere Sorten sowie Erbsen dagegen leichtere Böden.

Wann Da die Samen zum Keimen Bodenwärme brauchen, erst ab spätem Frühjahr direkt ins Freie säen. Alternativ unter Abdeckungen oder in Töpfen im Haus vorziehen. Denken Sie an Folgesaaten, wenn Sie eine fortlaufende Ernte wollen. Um Jungpflanzen nicht zu verletzen, geeignete Stützen schon vor der Aussaat installieren.

Pflege Bohnen werden meist an Stangenzelten oder an Schnurreihen gezogen und müssen angebunden werden, während Erbsen mittels Ranken selbst klettern. Ideal ist Maschendraht, zwischen Bambusstäbe oder dünne Zweige gespannt. Zwischen den Pflanzen sorgfältig jäten und möglichst mulchen. Vor der Blüte nur gießen, falls die Pflanzen sichtlich welken. Ab der Blüte reichlich wässern, um den Fruchtansatz zu fördern. Für buschigen Wuchs die Trieb-Enden abzwicken, wenn sie die Spitze der Stütze erreichen. Gegen Nagetiere, die Samen von Leguminosen lieben, hilft nur die Aussaat unter Glas, gegen den Erbsenwickler eine Vliesabdeckung. Häufig treten auch Blattläuse auf.

Ernte und Lagerung Am besten schmecken Bohnen und Erbsen, wenn sie jung und zart sind. Bohnen und Erbsen daher möglichst bald nach der Ernte verwerten oder aber einfrieren. Durch frühes und häufiges Pflücken steigert man übrigens den Ertrag. Borlotto-Bohnen kann man an der Pflanze ausreifen lassen, um sie dann zu trocknen und an einem kühlen, dunklen Ort zu lagern.

Saattiefe und Abstände

GEMÜSESORTE	SAATTIEFE	ABSTÄNDE ZWISCHEN	
		Pflanzen	Reihen
Dicke Bohnen	8 cm	25 cm	30 cm
Buschbohnen	5 cm	10 cm	45 cm
Stangenbohnen	5 cm	15 cm	45 cm
Erbsen	4 cm	10 cm	45–60 cm

Nützliche Kulturtipps

Schwarze Bohnenblattlaus Da sie gern die saftigen Triebspitzen von Dicken Bohnen besiedelt, sollte man diese vorbeugend abzwicken, sobald die Pflanzen reichlich Blüten und die ersten Früchte angesetzt haben.

Stützen für Stangen- und Prunkbohnen Diese Kletterer brauchen, da sie üppiges Grün bilden, stabile Stangen (möglichst mindestens 2,2 m lang). Aufbauten aus 6–8 oben zusammengebundenen Stangen sind schnell gebaut.

Beliebte Gruppenvertreter

Farbenfrohe Buschbohnen Die violetten Hülsen der Buschbohne 'Purple Teepee' schmecken sehr fein und beleben den Nutzgarten.

Dicke Bohnen Frisch werden sie, obwohl sehr delikat, selten angeboten. Die einfache und befriedigende Lösung: selbst säen und ernten.

Stangenbohnen Diese ertragreichen grünen Bohnen eignen sich bestens für kleine Gärten und gedeihen mit Stütze fast überall.

Borlotto-Bohnen Rosa gefleckte Hülsen zieren diese wie Stangenbohnen wachsende italienische Varietät. Man isst die Samen frisch oder getrocknet.

Kürbisgewächse

Mit ihrem üppigen Wuchs und den vielen Früchten machen Kürbisse, Zucchini und Gurken dem Hobbygärtner Spaß.

An einem Zaun oder Bogen gezogen, finden kletternde Familienmitglieder selbst auf kleinen Flächen Platz.

Anbau

Wo Als ursprüngliche Tropenbewohner mögen die Kürbisgewächse Wärme. Auf einem gut drainierten, aufkompostierten Boden wachsen sie rasant und üppig und brauchen daher viel Platz. Gurken und Zucchini gedeihen auch in Töpfen und Pflanzsäcken.

Wann Da die Pflanzen bei Kälte nicht keimen, die Samen in Torftöpfe stecken und unter Schutz vorkultivieren. Nach Abklingen der Fröste die Setzlinge ins Frühbeet pikieren und behutsam abhärten. Wenn es wärmer wird: auspflanzen. Um die Wurzeln nicht zu stören, die selbstverrottenden Töpfe nicht entfernen.

Die Pflege Kürbisse, Freiland- und Gewächshausgurken profitieren oft von Stützen, horizontal oder vertikal, auch an Drahtnetzen oder Spalieren wachsen sie gut. Die Bestäubung erfolgt bei Kürbisgewächsen durch Insekten, bei Bedarf kann man durch Handbestäubung nachhelfen

(Gewächshausgurken brauchen, da sie rein weiblich sind, keine Bestäubung). Es kann Echter Mehltau auftreten. Das Gurkenmosaikvirus führt zur Bildung deformierter Früchte. Es gibt aber weitgehend resistente Sorten. Im Gewächshaus erweisen sich unter Umständen Rote Spinne und Weiße Fliege als Problem.

Ernte und Lagerung Kürbisse belässt man an der Pflanze, bis ihre Schale hart ist und der Stiel zu brechen beginnt. Stielansatz möglichst lang belassen, abtrennen und vor der Einlagerung an einem kühlen Ort mehrere Tage in einem warmen Raum nachtrocknen lassen.

Saattiefe und Abstände

GEMÜSESORTE	SAATTIEFE	PFLANZABSTAND
Zucchini/Sommerkürbisse	2,5 cm	90 cm–1,2 m
Gurken	2,5 cm	75 cm
Speise-/Winterkürbisse	2,5 cm	90 cm–1,8 m

Speisekürbisse tolerieren keinen Frost und werden daher geerntet, bevor die Temperatur ins Minus rutscht.

Kürbisgewächse

Männliche und weibliche Blüten Bei manchen Kürbisgewächsen lässt sich durch Handbestäubung der Ertrag steigern: Männliche Blüten sitzen auf einem dünnen Stiel, weibliche auf einem Fruchtansatz. Ausnahme: Gewächshausgurken. Sie lässt man rein weiblich.

Stützen für Kürbisse Sie verhindern bei Sorten mit kriechendem oder hängendem Wuchs, dass die Früchte am Boden faulen oder von Schnecken gefressen werden. Stäbe schräg in die Erde stecken, dazwischen eine kräftige Schnur spannen und an einem Zaun festbinden.

Beliebte Gruppenvertreter

Zucchini Erfreulich produktiv und dabei leicht zu ziehen. Sie wachsen meist buschig und eignen sich auch für kleine Gärten.

Gurken Die glattschaligen Gewächshausgurken sind schwieriger zu kultivieren als Freilandsorten, die eine raue Oberfläche haben.

Sommerkürbisse Ihre teils seltsam geformten, weichschaligen Früchte schmecken wie Zucchini und können genauso zubereitet werden.

Speisekürbisse Sie sind ein echter Hingucker. Wollen Sie Ihren Kürbis essen, sollte auch der Geschmack die Sortenwahl mit entscheiden.

Fruchtgemüse

Oft werden diese Sonnenliebhaber in Terrassenkübeln oder auch in Töpfen auf einer warmen Fensterbank gezo-gen. Für alle Gartengrößen und jedes Klima findet man passende Sorten, die im Sommer aromatische Früchte liefern.

Anbau

Wo Wärme, Sonne, ein leichter, fruchtbarer Grund ohne Staunässe – damit geht es diesen Pflanzen gut. Alle außer Mais gedeihen auch in Töpfen im Gewächshaus oder vor einer sonnigen Wand. Vor dem Pflanzen den Boden eventuell mit Plastikfolie aufwärmen.

Wann Im Frühjahr bei mindestens 16 °C unter Glas aussäen. Werden nur wenige Pflanzen benötigt: mit Universalerde gefüllte Einzeltöpfe verwenden und mit gesiebter Erde bedecken. Die Sämlinge an einem hellen Platz vorziehen, eine Woche im Frühbeet bzw. im Freien unter Vlies abhärten und auspflanzen. Die Stützen sind bereits vorher installiert. Töpfe sollten mindestens 25 cm weit und tief sein, alternativ Pflanzsäcke verwenden. Mais kann in milden Gegenden ab Frühjahrsmitte direkt ins Freiland ausgesät werden.

Pflege Während der Blüte und Fruchtbildung viel gießen. Spaliertomaten müssen aufgebunden und aus den Blattachseln des Haupttriebs sprießende Seitentriebe abgezwickt werden. Um Auberginen, Paprika und Chili zu dichtem Wuchs anzuregen, die Wachstumsspitzen entfernen. Mit beginnendem Fruchtansatz wöchentlich einen Flüssigdünger verabreichen. Unter Glas stellen sich häufig Blattläuse, Rote Spinne und Weiße Fliege sowie Grauschimmel ein. Tomaten sind anfällig z.B. für Kraut- und Braunfäule und Viruskrankheiten, während Mais im Samenstadium durch Mäuse und später durch verschiedene Vogelarten oder Eichhörnchen bedroht ist.

Ernte und Lagerung Auberginen pflücken, solange die Schale glänzt. Tomaten, Paprika und Chili vor dem ersten Frost ausgraben und an einen trockenen Ort hängen, damit sie nachreifen. Ob Mais reif ist, testet man durch Anstechen eines Korns: Es muss milchiger Saft austreten.

Saattiefe und Abstände

GEMÜSESORTE	SAATTIEFE	ABSTÄNDE ZWISCHEN	
		Pflanzen	Reihen
Auberginen	1 cm	45 cm	60 cm
Paprika/Chili	1 cm	45 cm	60 cm
Buschtomaten	2 cm	60 cm	60 cm
Spaliertomaten	2 cm	45 cm	60 cm
Zuckermais	4 cm	45 cm	45 cm

Ein Zweig voll praller, reifer Tomaten.

Nützliche Kulturtipps

Wasserversorgung von Tomaten Neben jeder Pflanze einen Topf oder die mit Bodenlöchern versehene untere Hälfte einer Plastikflasche in die Erde versenken und mit Wasser füllen. So werden die Wurzeln direkt und ohne Verdunstungsverluste mit Feuchtigkeit versorgt.

Bestäubung bei Mais Bei Mais werden die Pollen durch Wind übertragen. Um eine möglichst hohe Bestäubungsrate und damit eine reiche Ernte zu erzielen, sollte man Zuckermais in dichten Blöcken pflanzen. So erhöht sich die Pollenkonzentration in der Luft.

Beliebte Gruppenvertreter

Zuckermais Mit seinem stattlichen Wuchs bereichert er sogar Blumenrabatten. Die Kolben sind erntefrisch ein echter Genuss.

Paprika Die Kultur erfordert keine großen Fachkenntnisse, und die farbenfrohen, vielseitigen Früchte sehen so gut aus wie sie schmecken.

Auberginen Durch stetes Entspitzen buschig gezogen, sind sie in warmen Gegenden auch ein origineller Terrassenschmuck.

Chili Da sie Wärme lieben, kultiviert man sie am besten unter Glas oder auf einer sonnigen Fensterbank. Den Ernteüberschuss einfrieren.

Spezialitäten

Bekommt man diese Gemüse nicht taufrisch, schmecken sie oft etwas enttäuschend. Frisch geerntet sind sie eine Delikatesse. Sie zu kultivieren ist gar nicht so schwer. Die meisten machen sich auch gut im Ziergarten.

Spargel wird im zeitigen Frühjahr gedüngt.

Anbau

Wo Gut ist ein sonniger, offener Standort mit tiefgründigem, durchlässigem Boden. Stangensellerie gedeiht nur in sehr nährstoffreicher, feuchter Erde, für karge Böden empfiehlt sich eher Knollensellerie.

Wann Bei Spargel und Artischocken ist die Samenanzucht schwierig, aber man kann im Frühjahr Setzlinge bzw. Ableger pflanzen. Für Spargel einen 20 cm tiefen Graben ausheben und darin zwei Längsfurchen ziehen, sodass in der Mitte ein Wall entsteht. Auf diesen die Setzlinge legen und mit Erde so bedecken, dass die Spitzen noch zu sehen sind. Mit gut verrottetem Mist mulchen. Artischockenableger in Reihe pflanzen, die Blattrosette liegt über der Erde. Knollen- und Stangensellerie vorziehen. Für Anfänger empfiehlt sich Bleichsellerie. Ab Frühjahrsmitte unter Abdeckung aussäen. Abhärten, wenn sie fünf, sechs Blätter haben, und auspflanzen. Neu gesetzte Pflanzen gut wässern.

Pflege Artischocken bei Trockenheit wässern und mulchen. Das Spargelbeet mit organischer Substanz mulchen, im zeitigen Frühjahr und nach der Ernte düngen. Im Herbst das welke Grün knapp über dem Grund abschneiden. Stangen- und Knollensellerie wöchentlich gießen und mit Stroh oder Kompost mulchen. Artischocken locken manchmal die Schwarze Bohnenblattlaus an. Allen genannten Gemüsesorten droht bei feuchter Witterung Befall durch Fäulnispilze.

Ernte und Lagerung Spargelstangen kurz vor dem Auftauchen an die Erdoberfläche kappen, sie sind dann etwa 15 cm lang. Artischocken schneiden, solange die Köpfe noch fest geschlossen sind. Stangensellerie vor dem ersten Frost ausgraben. Knollensellerie kann in milden Wintern in der Erde bleiben, bis man ihn braucht.

Saattiefe und Abstände

GEMÜSESORTE	SAATTIEFE	ABSTÄNDE ZWISCHEN	
		Pflanzen	Reihen
Stangensellerie	0 cm (Lichtkeimer)	25 cm	25 cm
Knollensellerie	0 cm (Lichtkeimer)	30 cm	30 cm
Grünspargel	2,5 cm	25 cm	30 cm
Artischocken	—	75 cm	90 cm

Nützliche Kulturtipps

Sellerie anhäufeln Bleichsellerie (*siehe links*) ist ein traditionelles Gartengemüse. Damit die Stangen die gewünschte helle Farbe entwickeln, entzieht man ihnen das Licht. Dafür die Pflanzen mit Schnur zusammenbinden, wenn sie 30 cm groß sind, und ringsum bis auf halbe Höhe Erde zusammenschieben. In Abständen von 3 Wochen weiter anhäufeln.

Winterschutz für Artischocken Die schmackhafte Pflanze ist leider frostgefährdet. Daher schützt man sie im Winter, indem man ringsum Erde anhäuft und die Pflanzen dann noch mit einer 15 cm hohen Mulchschicht aus Stroh oder doppelt gelegtem Gärtnervlies abdeckt.

Spargel ernten Widerstehen Sie der Versuchung, ein neu angelegtes Spargelbeet in den ersten beiden Jahren zu beernten. Ihre Geduld wird dadurch belohnt, dass die jungen Pflanzen Kraft sammeln für zukünftige reiche Ernten. In der dritten Saison kann man im Spätfrühjahr bereits 6 Wochen lang Spargel stechen und in den Folgejahren die Ernteperiode auf 8 Wochen ausdehnen.

Beliebte Gruppenvertreter

Stangensellerie Um zarte, helle Stangen zu erhalten, sollte man selbstbleichende Sorten in engen Blöcken oder im Frühbeet ziehen.

Knollensellerie Unter ihrer rauen Schale bergen die Knollen delikates Fruchtfleisch. Sehr aromatisch als Püree oder auch in Suppen.

Artischocken Die stattlichen Pflanzen wirken mit ihrem silbrigen Laub äußerst dekorativ. Die Blütenknospen sind eine echte Delikatesse.

Topinambur Meist werden die Knollen gekocht serviert, aber sie schmecken auch roh. Die hohen Pflanzen ergeben einen guten Windschutz.

Salate, Blattgemüse und Kräuter

Für einen Kräutertopf oder einen Blumenkasten mit Schnittsalat findet sich immer ein Plätzchen. Die Kultur ist kinderleicht, und wahrscheinlich werden Sie sich fragen, warum Sie nicht schon früher darauf gekommen sind.

Anbau

Wo Salate, Mangold und viele Kräuter kommen mit fast allen Böden zurecht. Nur Staunässe vertragen sie nicht. Dagegen verlangen Spinat und einige Blattgemüse fette, fruchtbare Erde. Alle gedeihen auch in Töpfen und bei Vollsonne. Nur Kopfsalat braucht im Sommer Schatten.

Wann Salate, die bei Wärme schnell keimen, aber extreme Hitze und Kälte verübeln, ab Frühjahrsbeginn unter Abdeckungen in Multitopfplatten säen. Spinat, Mangold und Pak-Choi im Freien im Halbschatten säen. Kleine Folgesaaten sichern eine fortlaufende Ernte. In Topfplatten vorgezogene Setzlinge auspflanzen, wenn ihre Wurzeln die Töpfe ausfüllen, und gut wässern. Sämlinge ausdünnen.

Winterharte Kräuter werden meist als Jungpflanzen gekauft, während man empfindliche Sorten wie Basilikum oft aus Samen zieht: Im zeitigen Frühjahr unter Schutz aussäen, nach dem letzten Frost auspflanzen.

Die Pflege Salat- und Blattgemüse unkrautfrei halten und nicht austrocknen lassen, da sie sonst leicht schossen. Bei Frostgefahr mit Abdeckungen (Vlies, Folie) schützen. Regelmäßiges Schneiden hält die Kräuter produktiv. Bei Topfkultur muss häufig gegossen werden. Schnecken sowie Kohlhernie und die Raupen des Kohlweißlings stellen die größten Bedrohungen dar. Salate neigen bei nasser Witterung zu Fäulnis, Mehltau gefährdet Spinat.

Ernte und Lagerung Salate und Blattgemüse schmecken natürlich frisch geerntet am besten. Feste Salatköpfe und Pak-Choi an der Basis abschneiden. Von losen Blattsalaten sowie Spinat und Mangold die benötigte Menge pflücken. Kräuter lassen sich einfrieren oder trocknen.

Saattiefe und Abstände

GEMÜSESORTE	SAATTIEFE	ABSTÄNDE ZWISCHEN	
		Pflanzen	Reihen
Kopfsalate	1 cm	15–30 cm	15–30 cm
Rucola	1 cm	15 cm	15 cm
Spinat	2,5 cm	8–15 cm	30 cm
Mangold	2,5 cm	20 cm	45 cm
Basilikum	0,5 cm	20 cm	20 cm
Petersilie	0,5 cm	20 cm	30 cm
Koriander	0,5 cm	20 cm	30 cm

Rotblättrige Salate sind eine Pracht.

Nützliche Kulturtipps

Schossen von Salat und Spinat verhindern Bei trockener Hitze passiert es schnell, dass Salate, Spinat und andere ins Kraut schießen (*siehe links*). Sie bilden Samen, ihre Blätter wachsen zu schnell und werden bitter. Um dies zu verhindern, sollten Sie den Boden feucht halten und eher in lichtem Schatten ziehen.

Minze in Schach halten Mit ihren unterirdischen Ausläufern kann sie schnell überhandnehmend. Die Lösung: Setzen Sie das Kraut in einem hohen Pflanzgefäß oder in einem in die Erde eingelassenen Topf, der seinen starken Ausbreitungsdrang bremst.

Ausdauernde Kräuter vermehren Zur Verjüngung verholzter Exemplare kann man diese im Spätsommer ausgraben, auseinanderschneiden und einzeln wieder einpflanzen. Bei jedem Pflanzteil sollten ausreichend Wurzeln und Blätter dabei sein. Besonders gut geeignet sind Thymian und Oregano, weniger dagegen strauchig wachsende Arten wie Salbei und Rosmarin.

Beliebte Gruppenvertreter

Spinat Ein sehr nahrhaftes Gemüse, das problemlos gedeiht. Es wird oft gedünstet, aber junge, zarte Blätter eignen sich auch für Salate.

Mangold Viele Sorten bilden farbige Stiele, die auch noch auf dem Teller gut aussehen. Mangold schmeckt gedünstet und roh.

Apfelminze Ihr mildsüßes Aroma passt gut zu Gemüse. Wenn man sie im Vorübergehen streift, ist das ein sinnliches Vergnügen.

Purpursalbei Wegen seiner dekorativen Färbung wird er oft in Rabatten gepflanzt. Auch geschmacklich ist er eine Attraktion.

Gemüse-anbau Schritt für Schritt

Erfolge im Gemüsegarten rücken in greifbare Nähe, wenn man einige Grundtechniken kennt. Wir erklären sie im folgenden Kapitel. Damit erhalten die Pflanzen optimale Startbedingungen und bleiben gesund und produktiv. Wir zeigen Ihnen außerdem, wie Sie durch das Kombinieren schnell und langsam wachsender Arten Ihren Platz optimal ausnutzen.

Direktaussaat von Roter Bete

Sie erfordert genügend Bodenwärme.
Wer unsicher ist, wartet einfach, bis als
Anzeiger die ersten Unkräuter sprießen.
Auch sollte es nicht regnen, die Erde
aber leicht feucht sein, sodass man sie
feinkrümelig rechen kann.

Erfolgstipp

Saatbänder, die sich später in der
Erde einfach zersetzen, garantie-
ren schnurgerade Pflanzenreihen
und exakte Abstände.

1 Um eine gerade Reihe zu erzielen, eine Schnur über das Beet spannen. Entlang der Schnur am besten mit der Kante einer Hacke eine Rille ziehen. Die nötige Tiefe der Saatrille variiert: Für Rote Bete muss sie etwa 2,5 cm betragen.

2 Samen in die Handfläche schütten und mit der anderen Hand einzeln in Abständen von 5 cm in die Rille legen. Die Abstände variieren je nach Sorte. Winzige Samen sollten so dünn und gleichmäßig wie möglich gesät werden.

3 Zuletzt die Erde vorsichtig mit dem Rücken eines Rechens in die Rille schieben. Mit einem witterungsbeständigen, deutlich beschrifteten Etikett kennzeichnen. Die keimenden Samen nicht stören. Bei Kälte abdecken.

4 Regelmäßig Unkraut entfernen. Die Sämlinge, sobald sie die ersten echten Blätter gebildet haben, ausdünnen, damit sie sich richtig entfalten können: Überzählige Pflanzen samt Wurzel herausziehen oder an der Basis abzwicken.

Anzucht von Rotkohl

Man braucht dafür kein beheiztes Gewächshaus. Auch in einer Saatschale auf einer warmen Fensterbank sind die empfindlicheren Sämlinge gut aufgehoben, bis sie nach dem Ende der Frostperiode ausgepflanzt werden.

1 Eine Saatschale oder einen Kasten so mit Erde füllen, dass keine Hohlräume bleiben. Mit einem Brett oder einer zweiten Schale behutsam zusammendrücken. Mit der feinen Düse einer Gießkanne gießen. Vor der Saat trocknen lassen.

2 Die Samen aus der Tüte oder aus der Hand gleichmäßig auf der feuchten Erde ausstreuen. Sie sollen so dünn gesät werden, dass sich die Keimlinge später beim Wachsen nicht sofort gegenseitig bedrängen.

3 Auf den ausgelegten Samen mit einem Gartensieb eine dünne Schicht feinkrümeliger Erde als oberste Schicht verteilen. Anschließend mit der flachen Hand vorsichtig festdrücken.

4 Wieder mit der feinen Brause leicht gießen oder die Schale in ein Wasserbad stellen, bis sich die Erdoberfläche dunkel färbt. Danach abtropfen lassen. Etikettieren Sie, um etwaige spätere Verwechslungen zu vermeiden.

Anzucht von Rotkohl unter Abdeckung

5 Unter einem Mini-Gewächshaus oder einer einfachen Klarsichtfolie entwickelt sich in einem Pflanzkasten oder einer Schale die zur Keimung notwendige feuchte Wärme. Wenn sich die Sämlinge zeigen, die Abdeckung entfernen.

6 Die Schale regelmäßig drehen. Sobald die Keimblätter der Pflänzchen voll entwickelt sind, eine Multitopfplatte mit feuchter Erde füllen und die Sämlinge mit einem Pflanzholz aus ihrem bisherigen Substrat lösen.

7 In jedem Abteil der Topfplatte ein Pflanzloch bohren. Einen Sämling hinein legen, mit dem Pflanzholz die Erde rings um die Wurzeln andrücken. Angießen, etikettieren und wachsen lassen, bis die Pflanzen ihr Abteil ausfüllen.

8 Wenn es wärmer wird, ziehen die Pflänzchen in ein Frühbeet im Freiland um. Um sie abzuhärten, etwa zwei Wochen lang das Fenster immer weiter öffnen, bis sie schließlich diesen Schutz gar nicht mehr brauchen.

9 Abgehärtete Setzlinge im Freiland in bereits vorbereiteten Boden pflanzen. Bei Rotkohl sollte der Abstand zwischen den Pflanzen 30 cm und die Distanz zwischen den Reihen 40 cm betragen. Gegen Vögel hilft eine Netzabdeckung.

Zucchini aus Setzlingen ziehen

Wer keinen Platz oder nicht die Zeit für die Anzucht von Gemüse aus Samen hat, kann in Gartencentern Setzlinge kaufen. Sie mögen teurer und in der Auswahl begrenzt sein, stellen aber eine akzeptable Alternative dar.

1 Achten Sie beim Setzlingkauf auf dichten Wuchs und feste Ballen. Nach dem Umsetzen in größere Töpfe oder ins Freiland wässern. Wie andere kälteempfindliche Arten dürfen Zucchini erst nach Ende der Frostperiode ins Freie.

2 Die Jungpflanzen vorsichtig aus ihrer Verpackung lösen und so pflanzen, dass ihr Ballen knapp unter der Erdoberfläche abschließt. Um die zarten Blätter nicht zu verletzen, die Pflanzen möglichst nur am Ballen anfassen.

3 Die Erde ringsum vorsichtig andrücken und gründlich gießen. Eine Mulchschicht aus organischer Substanz, die jedoch nicht direkt bis an den Stängel reichen darf, hält die Feuchtigkeit im Boden und unterdrückt Unkräuter.

4 Die Jungpflanzen etikettieren und nach Bedarf mit Stützen versehen. Zum Schutz gegen Kälte und Wind empfiehlt sich eine Abdeckung mit Folie oder Hauben. Weiter regelmäßig gießen, bis die Pflanzen gut eingewöhnt sind.

Frühkartoffeln ziehen

Kartoffeln zu ziehen ist nicht schwer. Nach der Blüte sind sie meist erntereif. Nach 10–12 Wochen die Erde beiseite schieben und die Knollen prüfen. Vorsichtig mit einer Gabel ausgraben.

Erfolgstipp

Kartoffeln gedeihen prima in großen Töpfen. Halb mit Erde füllen, darauf die Saatkartoffeln. Nach Austrieb mit Erde füllen.

1 Im Spätwinter Saatkartoffeln so in Eierkartons oder in eine Schale setzen, dass möglichst viele Augen nach oben weisen. An einen kühlen, hellen Platz im Haus stellen, bis nach etwa 6 Wochen kräftige, dunkle Keime sprießen.

2 Im Frühjahr, wenn diese Keime etwa 2,5 cm lang sind, in vorbereitetem Grund eine gerade Linie markieren. Im Abstand von je 30 cm ein 10 cm tiefes Loch graben. Je eine Knolle mit den Keimen nach oben hineinsetzen.

3 Die Löcher mit Erde auffüllen, die Oberfläche glatt rechen und die Reihe markieren. Nach Belieben einen Volldünger in empfohlener Dosis entweder beidseits der Pflanzenreihe ausbringen oder bereits vor der Pflanzung einarbeiten.

4 Unter Lichteinfluss färben sich die Knollen grün, sie entwickeln Giftstoffe und werden ungenießbar. Um dies zu vermeiden, rings um die sprießenden Triebe etwa 15 cm hoch Erde anhäufeln.

Prunkbohnen ziehen

Prunkbohnen wachsen am besten in nährstoffreicher Erde. Daher mindestens 2 Wochen vor dem Pflanzen reichlich Komposterde einarbeiten. Duftende Wicken in der Nähe locken bestäubende Insekten an.

1 Als Kletterer brauchen Prunkbohnen Stützen. Für diesen zelt-artigen Aufbau acht Stangen (möglichst mindestens 2,2 m lang) im Abstand von etwa 30 cm kreisförmig tief in die Erde stecken. Oben und auf halber Höhe zusammenbinden.

2 Ab dem Spätfrühjahr (Bodentemperatur mindestens 12 °C) neben jeder Stange zwei Samen 5 cm tief in die Erde legen und gut wässern. Bei kühlem Klima oder schweren Böden ab Mitte Frühjahr in hohen Töpfen unter Schutz vorziehen.

3 Jeweils den schwächeren der beiden Sämlinge entfernen. Den anderen um den Stab wickeln und anbinden. Duftende Begleitpflanzen locken bestäubende Insekten an und fördern damit eine gute Ernte.

4 Prunkbohnen sollten mindestens zweimal pro Woche geerntet werden, solange die Hülsen noch schön zart sind. Regelmäßiges Pflücken regt zugleich die Bildung neuer Blüten an.

Tomaten im Pflanzsack ziehen

Pflanzsäcke trocknen recht schnell aus. Sie bleiben feuchter, wenn man Ringtöpfe ohne Boden in das Substrat einsenkt und darin pflanzt. So vergrößert sich das Speichervolumen.

Erfolgstipp

Auch andere Saaten lassen sich hervorragend im Pflanzsack ziehen. Kopfsalate sind schon nach 8–12 Wochen erntereif.

1 Oben in den Pflanzsack drei Kreise schneiden. Auf der Unterseite Abzugslöcher bohren. Plastik-Ringtöpfe, fertig gekauft oder durch Ausschneiden des Bodens selbst hergestellt, in die Löcher schieben und mit Erde füllen.

2 Wenn die Tomaten an draußen gewöhnt sind und die ersten Blütenknospen bilden, können sie in die Töpfe oder den Pflanzsack gesetzt werden. Ihr Ballen schließt knapp unter der Erdoberfläche ab. Die Erde andrücken, gut wässern.

3 Stäbe oder kräftige Drähte als Stützen vorsehen. Alle schnell wachsenden Seitentriebe ausbrechen, damit die Pflanzen ihre Kraft auf die Fruchtbildung konzentrieren. Wöchentlich einen flüssigen Tomatendünger verabreichen.

4 Durch regelmäßiges und vorsichtiges Entfernen der Wachstumsspitze (zwei Blätter über der fünften oder sechsten Rispe ist optimal) lenken Sie die Energie der Pflanze ganz in die Reifung der Früchte.

Frischer Mangold im Kübel

Das frische Grün und die bunten Stiele des Mangolds, hier die Sorte 'Bright Lights', beleben jede Terrasse. Jung gepflückt, ergeben die Blätter feine Salate. Aber sie schmecken auch gedünstet oder gebraten gut.

Erfolgstipp

Probieren Sie vor dem Einpflanzen verschiedene Arrangements aus, bis Sie mit dem Gesamtbild zufrieden sind.

1 Den noch leeren Kübel, der Abzugslöcher aufweisen muss, an einen sonnigen, geschützten Platz stellen. Eine Lage Tonscherben über dem Boden verteilen, dann bis etwa 2,5 cm unter dem Rand mit Universalerde auffüllen.

2 Die Mangoldpflänzchen gießen und vorsichtig aus ihren Töpfen lösen. Möglichst nur am Ballen anfassen, um nichts zu verletzen. Vorsichtiges Lockern der Wurzeln sorgt dafür, dass die Setzlinge schneller anwachsen.

3 In Abständen von etwa 10 cm Löcher graben und die Setzlinge so tief pflanzen, dass ihr Ballen knapp unter der Erdoberfläche abschließt. Die Erde ringsum behutsam andrücken und zuletzt gründlich wässern.

4 Vor allem bei sommerlicher Hitze machen die großen Blätter schnell schlapp. Daher regelmäßig gießen, um die Pflanzen kräftig und gesund zu halten. Unterstützend kann man einen stickstoffhaltigen Dünger geben.

Selbst gezogene Sprossen

Sie schmecken, je nachdem, von welcher Hülsenfrucht oder sonstigen Pflanze die Samen stammen, fein oder pikant, zart oder knackig. In einem Sprossenturm kann man mehrere Sorten gleichzeitig ziehen.

1 Das Keimgefäß – hier ein Glas mit Siebdeckel – vor jedem Gebrauch gründlich säubern. Samen und dann kaltes Wasser hineingeben. Das Gefäß nicht überfüllen. Die Samen 8–12 Stunden einweichen.

2 Das Einweichwasser abgießen und die Samen in kaltem Wasser spülen. Dieses zuletzt gründlich ablaufen lassen, sonst beginnen die Samen zu schimmeln. Das Glas an einen luftigen und hellen, aber nicht vollsonnigen Platz stellen.

3 Zweimal täglich kalt durchspülen und das Wasser wieder ablaufen lassen. Alfalfa keimt nach nur 2 Tagen und ist 2–4 Tage später verzehrbereit. Um herauszufinden, wann die Sprossen Ihnen am besten schmecken, ab und zu kosten.

4 Die fertigen Sprossen ein letztes Mal gründlich durchspülen, abtropfen lassen und anschließend 8 Stunden lang gut trocknen lassen. Danach kann man sie im Kühlschrank bis zu 5 Tage aufbewahren.

Salat und Mais in Mischkultur

Langsam und schnell wachsende Arten gemeinsam kultivieren heißt, das Optimum aus dem verfügbaren Platz herauszuholen. Hier wächst Salat in Gesellschaft von Zuckermais und ist lange vor dem Mais erntebereit.

1 Mais wird durch den Wind bestäubt, die hier gezeigte Blockpflanzung erhöht die Erfolgsquote: Quadrate von etwa 45 cm Kantenlänge abmessen, die Ränder mit Latten oder Stäben, z. B. Bambus, markieren.

2 In jede Ecke des Quadrats eine junge Maispflanze setzen, die Erde ringsum gut andrücken. Da Mais kälteempfindlich ist, empfiehlt es sich in der Regel, ihn unter Abdeckung vorzuziehen (wie auf *Seite 62* beschrieben).

3 Die Salatsamen mit feinem Sand mischen und zwischen den Maispflanzen dünn ausstreuen. Danach den Boden vorsichtig rechen. Die Salate werden den Raum zwischen dem Mais füllen und nach 8–12 Wochen erntereif sein.

4 Die Salatsämlinge auf 3–4 Pflanzen pro Quadrat auslichten. Mais braucht mindestens 16 Wochen, um auszureifen. Bis er im ausgewachsenen Zustand zu viel Schatten wirft, ist der lichthungrige Salat schon längst geerntet.

Ein Kräutergarten entsteht

In nur einem Tag ist ein Kräuterbeet angelegt – und schon bald danach kann man erstes Grün ernten. Ziegel dienen hier als Unterteilung. Das Zentrum bildet ein Lorbeerbaum in Topfkultur.

1 Mit Pflöcken und Schnur ein Kreuz markieren. Entlang der Schnüre Furchen graben, die etwas breiter als die Ziegel, aber nicht ganz so tief sind. Diese mit einem Hammerstiel sachte in die Erde treiben, sie setzen sich noch ein wenig.

2 Wenn alle Ziegel versenkt sind, die Erde ringsum gut andrücken. Die Steine müssen nicht eingemörtelt werden, sondern sinken allmählich tiefer und finden so festen Halt. In der Mitte eventuell Platz lassen für einen »Hingucker«.

3 Die Kräuter vor dem Pflanzen in ihren Saat-Töpfen zur Ansicht auf dem Beet verteilen. Es sollte ein harmonisches und auch lockeres Gesamtbild ergeben. Erst dann endgültig eingraben. Reichlich wässern.

4 Als zentraler Blickpunkt eignet sich ein im Topf gezogener Lorbeer, der sich auch gut in Form schneiden lässt. Die Kräuter vor allem bei heißer, trockener Witterung regelmäßig gießen, damit sie sich schnell eingewöhnen.

Kräuter im Farbtopf

In kleineren Gefäßen kommen Kräuter gut klar, zumal man sie zurechtstutzen kann. Exzellent stehen ihnen in zarten Farben gestrichene Tontöpfe mit einer Abdeckung aus Schiefersplittern.

1 Standard-Tontöpfe mit etwa einem Liter Fassungsvermögen abschmirgeln und je nach gewünschtem Effekt mit außentauglicher Dispersionsfarbe oder wetterfestem Hochglanzlack anstreichen.

2 Statt der üblichen Tonscherben eignet sich als Drainageschicht ebenso Styropor. Es ist leicht, schnell in Stücke gebrochen und als gängiges Verpackungsmaterial einfach aufzutreiben. Darüber gute Komposterde füllen.

3 Die Pflanze probehalber darauf stellen: Sie soll in dem neuen Topf genauso tief sitzen wie in dem bisherigen. Gießen, aus dem Topf lösen und die Wurzeln, falls sie stark verdichtet sind, behutsam etwas lockern.

4 Die Pflanze in den Topf setzen. Ringsum mit Erde auffüllen, andrücken. Gut wässern und zuletzt die Oberfläche mit Schiefersplittern bedecken. Sie wirken nicht nur dekorativ, sondern verringern auch die Verdunstung.

Ein Beet im festen Rahmen bauen

Zu den Vorteilen abgegrenzter Beete zählen: Der Boden kann genau auf das gewünschte Gemüse abgestimmt werden und man kann gut vom Rand aus Unkraut jäten.

Erfolgstipp

Mithilfe einer Schnur kann man gut prüfen, ob die Beetfläche eben ist. Ziegelsteine halten die Schnur straff gespannt.

1 Bei einer Breite von maximal 1,2 m ist das gesamte Beet vom Rand aus in Reichweite. Vier Einfassungsbretter entsprechend den Beetmaßen zuschneiden. Etwa 10 cm von den Enden entfernt auf Pflöcke nageln.

2 Die Bretter an ihre endgültige Position setzen und die Pflöcke mit einem Fausthammer in den Boden treiben. Die Wasserwaage zeigt an, ob die Einfassung eben ausgerichtet ist. Eventuell das höhere Ende noch weiter einsenken.

3 Eine Holzleiste schräg über die Einfassung legen, mit der Wasserwaage erneut die waagrechte Ausrichtung prüfen und etwaige Korrekturen vornehmen. Falls ein Nachbarbeet geplant ist, zwischen beiden einen Pfad vorsehen.

4 Das Beet mit guter Erde füllen, die zuvor mit Kompost oder verrottetem Mist aufgebessert wurde. Gleichmäßig verteilen und mit dem Rücken eines Rechens glätten. Wenn sich die Erde gesenkt hat, nach Bedarf nachfüllen.

Ernte und Lagerung

Selbst Angebautes schmeckt unübertroffen. Um das Beste aus Ihrer kostbaren Eigen-Ernte herauszuholen hier ein paar Tipps, wie Sie ernten, ohne Wachstum und künftige Produktivität der Pflanze zu bremsen.

Zart und frisch Vieles Gemüse schmeckt dann am besten, wenn es gleich nach dem Pflücken gegessen wird. Im Sommer empfiehlt sich ein täglicher Rundgang im Garten, um Riesen-Kürbisse, zähe Bohnen und Salat, der ins Kraut schießt, zu verhindern.

Rote Bete Nach Bedarf ernten, sobald sie etwa 5 cm dick ist: Die Stängel fest umfassen (*Foto*) und die Pflanzen aus der Erde ziehen. Ernten Sie in einer Reihe jede zweite Rübe, dann bleibt den übrigen Platz, um weiter zu reifen.

Spargel Ab Frühjahrsmitte einige Wochen lang alle 2–5 Tage die Stangen etwa 2,5 cm unter der Erdoberfläche kappen. Der Handel bietet dafür Spezialmesser mit einer gebogenen, innen gezahnten Klinge an.

Kartoffeln Nach der Blüte die Erde vorsichtig beiseite schieben und die Kartoffeln mit einer Gabel an die Oberfläche befördern. Diese weit genug vom Kartoffelkraut entfernt ansetzen, um die Knollen nicht zu verletzen.

Zuckermais Wenn sich die Haarbüschel braun färben, können Sie den Reifetest machen: die Außenblätter eines Kolbens abstreifen und ein Samenkorn anstechen. Wenn milchiger Saft austritt, kann geerntet werden.

Ernte und Lagerung *(Fortsetzung)*

Sachgemäßes Trocknen

Bestimmte Gemüsesorten lassen sich nur einlagern, ohne dabei zu faulen oder anderweitig zu verderben, wenn sie zunächst voll ausreifen konnten und dann an einem warmen, gut belüfteten Ort getrocknet wurden. Das gilt für Zwiebeln, Schalotten und Knoblauch, außerdem für Bohnen und viele Kürbissorten.

Kürbisse Erst wenn die Früchte eine satte Farbe entwickelt haben und hohl klingen, wenn man gegen sie klopft, schneidet man sie mit einem scharfen Messer ab. Dabei einen möglichst langen Stielansatz belassen. Die Kürbisse an der Sonne oder auch in einem warmen Raum mehrere Tage trocknen lassen, bis ihre Schale hart ist. Dekorative Speisekürbisse kann man in einem kühlen, nicht allzu trockenen Raum gar bis zum Frühjahr lagern.

Zwiebeln und Bohnen Man lässt das Laub von Zwiebeln, Schalotten und Knoblauch erst welken, bevor man diese mit einer Gabel aus der Erde holt und auf einem Drahtgitter in der Sonne abtrocknen lässt. Anschließend lose Häute und etwaige Erdpartikel abbürsten und die Zwiebeln bzw. Knollen gebündelt oder in Netzen an einen kühlen, hellen Platz hängen. Bohnen an der Pflanze ausreifen lassen, aber ernten, bevor sich die Hülsen öffnen. Auf einem Drahtgitter an einem kühlen Platz trocknen. Danach kann man die Samen auslösen. Diese müssen nochmals trocknen, bevor man sie zur Aufbewahrung in Gläser füllt. Kühl und dunkel lagern.

Kürbisvielfalt – schon optisch ein Genuss.

So sehen sonnengetrocknete Borlotto-Bohnen aus.

Frisch geerntete Schalotten lässt man auf einem Rost trocknen.

Kartoffeln lagern

Spätkartoffeln an einem trockenen Tag ausgraben und einige Stunden auf der Erde abtrocknen lassen. Für die Lagerung an einem kühlen, trockenen Ort, z.B. in einer Garage oder einem Schuppen, nur unbeschädigte Knollen auswählen. Man kann sie in einen lichtundurchlässigen, stabilen Papiersack füllen, den man, da sich die Knollen bei Licht grün färben, gut verschließt. Auch Holzkisten sind geeignet. Plastikbehälter, in denen sich die Feuchtigkeit staut, lassen Kartoffeln leicht faulen.

Kartoffeln kühl, trocken und vor allem dunkel lagern.

Wurzelgemüse lagern

In milden Wintern können einige Sorten auch über Winter in der Erde bleiben, bis sie benötigt werden. Wer auf Nummer sicher gehen will, erntet vor den harten Frösten und lagert kühl und trocken ein. Unverletzte Wurzeln so in eine flache Holzkiste legen, dass sie sich nicht berühren, und mit feuchtem Sand bedecken. Für große Mengen eine sogenannte Miete anlegen: Die Wurzeln auf eine Schicht Sand legen, mit einer Lage Stroh und dann mit Erde bedecken. Mehrere Lagen sind möglich.

Pastinaken halten sich gut in feuchtem Sand.

Eine Miete schützt Rüben vor Frost.

Einfrieren oder Einlegen

Viele Gemüsesorten lassen sich hervorragend einfrieren, wenn man der Ernte nicht Herr wird. Genauso kann man Sommerkräuter für den Winter einlagern, indem man etwa Basilikum und Petersilie, zuvor geputzt, in beschriftete Gefrierbeutel packt oder gehackte Kräuter mit etwas Wasser in die Fächer eines Eiswürfelbehälters füllt. Wenn man einen Kräuterzweig mit einer Chilischote zu Olivenöl gibt, bekommt es ein herrlich sommerliches Aroma.

Kräuter vertragen Eiseskälte.

Kräuter und Chilis aromatisieren Olivenöl.

Pflanzideen

Gemüse lässt sich auf viele fantasie-
volle Arten kultivieren. Dieses Kapitel zeigt Ihnen:

- Viele Gemüsepflanzen gedeihen
  in Containern ausgesprochen gut.
- Es lohnt sich, nicht nur horizontal,
  sondern auch mutig vertikal zu
  pflanzen.
- Gemüse steht mit seinem vielfäl-
  tigen Laub und den Früchten in
  punkto Optik den sogenannten
  Zierpflanzen in nichts nach.

Vertikaler Gemüsegarten

Die Höhe ist eine oft ungenutzte Dimension, dabei kann man mit ihr gerade in kleinen Gärten wertvollen Raum schaffen. Vor einer kahlen Mauer entfaltet sich eine üppige Farbenpracht, wenn man sie mit Maschendraht bespannt und Töpfe mit Kräutern und buschigen Gemüsesorten einhängt. Der Pflegeaufwand ist gering und die Ernte sehr bequem. In großen Behältern gepflanzte Stangenbohnen, Kürbisse und Kapuzinerkresse, am Fuß der Mauer platziert und aufgebunden, begrünen die restliche Fläche.

Voraussetzungen

Größe etwa 1,8 x 2,2 m

Eignung Vor jeden sonnigen Platz mit einer Mauer oder Zaun als Hintergrund

Erde Leichte Universalerde

Lage Vollsonnig

Einkaufsliste

- 2 x Aubergine 'Mohican'
- 3 x Basilikum 'Sweet Genovase'
- 3 x Tomate 'Red Rubin'
- 1 x Gurke 'Masterpiece'
- 1 x Zucchini 'Tromboncino'
- 3 x Prunkbohne 'Wisley Magic'

Pflanzung und Pflege

An der Mauer Holzlatten und darauf kräftigen Maschendraht anbringen. In Plastiktöpfe und Blumenkästen am Rand Löcher bohren, mit Ösen aus verzinktem Draht versehen. Nach Abklingen der Fröste die Töpfe mit leichter Erde füllen und die Pflanzen einsetzen. Die Töpfe an das Drahtgeflecht hängen. Weitere Pflanzen werden am Fuß der Mauer verteilt. Denken Sie an genug Abstand, da sie sich ja noch entfalten werden. Häufig gießen – an einem so exponierten Standort trocknen die Töpfe schnell aus – und kletternde Pflanzen nach Bedarf anbinden. Wenn man häufig erntet, wachsen die Pflanzen besser nach.

Aubergine 'Mohican'

Basilikum 'Sweet Genovase'

Tomate 'Tumbling Tom Red'

Gurke 'Masterpiece'

Zucchini 'Tromboncino'

Prunkbohne 'Wisley Magic'

Hängekorb mit Kräutern und Gemüse

Meist sind Hängekörbe mit Zierpflanzen besetzt. Dabei spricht nichts dagegen, sie mit Kirschtomaten zu bepflanzen, die ihre Triebe über den Rand baumeln lassen, und ihnen farbenfrohe Kapuzinerkresse sowie köstlich duftende Kräuter zur Seite zu stellen. Regelmäßig natürlich gedüngt und gegossen, macht ein solches Arrangement schon mit seinem Anblick Appetit und liefert über einen langen Zeitraum knackig frische Zutaten für die Küche.

Voraussetzungen

Größe Ein Korb von mindestens 25 cm Durchmesser

Eignung Für einen Platz in Küchennähe

Erde leichte Universalerde

Lage Vollsonnige und vor starkem Wind geschützte Mauer oder Fensterwand

Einkaufsliste

- 1 x Schokoladenminze 'Chocolate'
- 1 x Petersilie 'Forest Green'
- 1 x Zitronenthymian 'Golden Lemon'
- 1 x Tomate 'Tumbler'
- 1 x Schnittlauch, feinröhriger
- 1 x Kapuzinerkresse 'African Queen'

Pflanzung und Pflege

Falls Sie für den Korb einen Einsatz oder Folie verwenden, sollten Sie unbedingt an ein Abzugsloch denken. Eine Schicht Erde einfüllen, die Pflanzen in ihren Töpfen hineinsetzen und herumprobieren, bis die optimale Anordnung gefunden ist. Hängepflanzen in Randnähe platzieren. Nun die Pflanzen gut wässern, aus den Töpfen lösen und in den Korb setzen. In die Lücken Erde füllen und gut andrücken. Gründlich gießen. Den Korb an einem kräftigen Haken aufhängen. Regelmäßig gießen. Sobald die Tomaten Früchte ansetzen, am besten wöchentlich einen flüssigen Tomatendünger verabreichen.

Schokoladenminze 'Chocolate'

Petersilie 'Forest Green'

Zitronenthymian 'Golden Lemon'

Tomate 'Tumbler'

Schnittlauch, feinröhriger

Kapuzinerkresse 'African Queen'

Schnittsalat von der Fensterbank

Selbst ohne Garten kann man junges, knackiges Grün aus eigener Ernte genießen. Kaum ein anderes Gemüse lässt sich so leicht aus Samen ziehen wie die sogenannten Pflück- oder Schnittsalate. Im Blumenkasten werden Pflege und Ernte zum Kinderspiel. Asia-Salate und Rucola ergeben z. B. eine herzhafte Mischung mit pfeffriger Note. Passende Kombinationen gibt es für jede Vorliebe und sie schmecken, erntefrisch in die Küche geholt, schlicht wundervoll.

Voraussetzungen

Größe Blumenkasten von 50 x 15 cm

Eignung eine leicht zugängliche Fensterbank, auf der ein Blumenkasten Platz hat

Erde Gute Universalerde

Lage Vollsonnig bis halbschattig

Einkaufsliste

- 1 x Mibuna (Samentüte)
- 1 x Mizuna (Samentüte)
- 1 x Eichblattsalat 'Smile' (Samentüte)
- 1 x Rucola 'Rocket Wild' (Samentüte)

Pflanzung und Pflege

Damit man ohne großen Aufwand gießen und ernten kann, sollte die Fensterbank leicht zugänglich sein. Denken Sie an Abzugslöcher für den Blumenkasten. Erst eine Lage Tonscherben und darüber bis 2 cm unter den Rand Erde einfüllen. Ab Frühjahrsmitte und bis Spätsommer ist Aussaat möglich: die verschiedenen Samensorten in einer Schüssel mischen, dünn ausstreuen, fein mit Erde bedecken und gut gießen. Die Samen keimen schnell, nach 3–5 Wochen kann man ernten. Die Blätter mit einer Schere 5 cm über dem Grund abschneiden. Der Stumpf treibt neu aus, so sind in der Hochsaison zwei, drei Folgeernten möglich. Für einen gesunden Wuchs regelmäßig gießen.

Mibuna

Mizuna

Eichblattsalat 'Oakleaf'

Besonderheit:

Rucola 'Rocket Wild'

Ein dekorativer »Klettergarten«

Exotische, purpurne Blüten und orangegelbe Kürbisse – eine attraktivere Part-
nerschaft von Zier- und Gemüsepflanzen
ist kaum vorstellbar. Wuchsfreudige
Kürbisgewächse eignen sich perfekt zum
Begrünen von Zäunen. Mit ihren stattlichen Blättern stehen sie in reizvollem
Kontrast zum zarten Laub von Passionsblume und Glockenrebe. Alle drei lieben
Wärme und gedeihen am besten in
Gegenden mit langer Wachstumsperiode.

Voraussetzungen

Größe 2 x 2 m

Eignung Für den Gemüse- oder Ziergarten

Erde Fruchtbar, feucht und gut drainiert

Lage Vollsonnige Rabatte vor einem Zaun
oder Spalier als Kletterhilfe

Einkaufsliste

- 1 x Kürbis 'Uchiki Kuri' oder 'Jack Be
  Little'
- 1 x Blaue Passionsblume
- 1 x Glockenrebe

Pflanzung und Pflege

Kürbis und Glockenrebe um die Früh-
jahrsmitte in einem beheizten Raum
oder Anzuchtkasten vorkultivieren.
Passionsblumen sind als Samen oder
Jungpflanzen erhältlich. Je nach Bauart
des Zauns sollten Sie ihn zusätzlich mit
Drähten bespannen oder vor ihm ein
Gitter oder Spalier als Kletter- bzw. Rankhilfe installieren. Nach Abklingen der
Fröste die Jungpflanzen etwa 30 cm vom
Zaun entfernt in Abständen von etwa
45 cm pflanzen, danach gut wässern.
Die Triebe, sobald sie lang genug sind,
aufbinden. Anschließend suchen sich
Passionsblume und Glockenrebe selbst
ihren Weg, während der Kürbis weiter
angebunden werden muss. Insbesondere
nach dem Fruchtansatz den Kürbis regelmäßig und gründlich wässern.

Kürbis 'Uchiki Kuri'

Blaue Passionsblume

Glockenrebe

Alternativer Pflanzvorschlag:

Kürbis 'Jack Be Little'

Mediterrane Gewächse im Hochbeet

Vor einer geschützten und sonnigen Mauer, die tagsüber die Wärme speichert und sie nachts wieder abstrahlt, herrscht ein Mikroklima, das wie geschaffen ist für Tomaten, Paprika, Auberginen und Kichererbsen. Sie teilen sich hier ein Hochbeet mit Gurken und Süßkartoffeln, die an der Mauer emporklettern. Einige dieser Sorten mögen's richtig heiß, andernfalls kümmern sie etwas vor sich hin. Trotzdem lohnt sich ein Versuch mit diesem attraktiven Gemüse.

Voraussetzungen

Größe 2 x 1 m, max. 1 m Höhe

Eignung Für jeden Gartenstil

Erde Fruchtbar, feucht und gut drainiert

Lage Vor einer intensiv besonnten Mauer in einer warmen Gegend

Einkaufsliste

- 1 x Aubergine 'Moneymaker'
- 1 x Gurke 'Carmen'
- 1 x Paprika 'Gypsy'
- 1 x Tomate 'Summer Sweet'
- 1 x Kichererbse 'Principe'
- 1 x Süßkartoffel 'Beauregard'

Pflanzung und Pflege

Tomaten, Gurken, Paprika und Auberginen im Frühjahr unter Abdeckung aussäen. Nach Abklingen der Fröste die Jungpflanzen abhärten und ins Hochbeet setzen. Kichererbsensamen weicht man am besten in regelmäßig gewechseltem Wasser ein, bis sie nach einigen Tagen keimen, und legt sie erst dann an Ort und Stelle in die Erde. Süßkartoffeln pflanzt man genau wie die anderen Jungpflanzen so, dass sie etwa 5 cm aus der Erde ragen. Danach gut wässern. An der Mauer ein Gitter anbringen und die Triebe der Gurke und Süßkartoffel hindurchziehen. Sobald sich die ersten Früchte zeigen, wöchentlich einen Tomatendünger ins Gießwasser geben. Ab Spätsommer kann geerntet werden.

Aubergine 'Moneymaker'

Gurke 'Carmen'

Paprika 'Gypsy'

Tomate 'Summer Sweet'

Kichererbse 'Principe'

Süßkartoffel 'Beauregard'

Die kleine Gemüseecke

Schon eine kleine Gartenecke reicht aus, um eine interessante Auswahl an Gemüse zu ziehen. Hier wachsen Spaliertomaten und Prunkbohnen an der Wand und am Zaun in die Höhe, so werden auch diese Flächen geschickt genutzt. Dicht gesäter Schnittsalat säumt den schmalen Klinkerweg. Rotkohl und Mais verlängern die Ernteperiode bis in den frühen Herbst, die im Topf wachsende Zucchini trägt sogar bis Mitte Herbst Früchte.

Voraussetzungen

Größe Beet von 4 x 2 m

Eignung Für einen eng umschlossenen Garten, z. B. in einem Hinterhof

Erde Fruchtbar, feucht und gut drainiert

Lage Vollsonnig, durch eine Mauer oder einen Zaun geschützt

Einkaufsliste

- 3 x Tomate 'Gardener's Delight'
- 3 x Prunkbohne 'Liberty'
- 1 x Zucchini 'Burpee's Golden'
- 9 x Zuckermais 'Tasty Gold'
- 1 x Salat 'Gemischter Salat' (Samentüte)
- 3 x Rotkohl 'Marner Early Red'

Pflanzung und Pflege

Möglichst schon im Herbst den Grund mit viel organischer Substanz aufbessern. Tomaten und Bohnen, Kohl und Mais können Sie aus Samen in Töpfen unter Glas vorziehen. Es gibt aber auch Setzlinge zu kaufen. Wenn kein Frost mehr droht, die Setzlinge nach der Abhärtungsphase im Frühbeet ins Freiland pflanzen. Tomaten, die nährstoffhungrig sind, eventuell in Pflanzsäcken ziehen, mit Stützstäben versehen. Neue Seitentriebe konsequent abzwicken. Für die Prunkbohnen Drähte als Kletterhilfen spannen. Für eine fortlaufende Ernte Salatsamen in Intervallen ausstreuen. Frisch gesetzte Pflanzen gut wässern.

Tomate 'Gardener's Delight'

Prunkbohne 'Liberty'

Zucchini 'Burpee's Golden'

Zuckermais 'Tasty Gold'

Salat 'Salad Bowl Mixed'

Rotkohl 'Marner Early Red'

Reizvolle Klassiker: Küchengärten

Der klassische Küchen- oder Bauerngarten besticht durch seine geometrische Anlage und Farbenvielfalt. Gemüse, richtig in Szene gesetzt, wird auch fürs Auge zur Attraktion. Damit der Garten perfekt wirkt, stellen Sie die Pflanzen so zusammen, dass sie mit ihren Farben und Strukturen ganzjährig punkten. Hier durchbrechen Mais und über einen Bogen wachsende Prunkbohnen die in Grau und Purpur gehaltene Grundstimmung.

Voraussetzungen

Größe Beet von 6 x 8 m

Eignung Sie brauchen einen Schubkarrenzugang und Wasser in der Nähe

Erde Fruchtbar, feucht und gut drainiert

Lage Offen, vollsonnig, windgeschützt

Einkaufsliste

- 1 x Prunkbohne 'Liberty' (Samentüte)
- 1 x Zuckermais 'Tasty Gold' (Samen)
- 1 x Rotkohl 'Red Jewel' (Samen)
- 1 x Dicke Bohne 'The Sutton' (Samen)
- 1 x Grünkohl 'Red Russian' (Samen)
- 1 x Schalotte 'Golden Gourmet' (Steckzwiebeln)

Pflanzung und Pflege

Im Herbst vor der Pflanzung reichlich gut verrotteten Stallmist einarbeiten. Eventuell einen Plan des Beetes zeichnen, die Zahl der benötigten Pflanzen festlegen und notieren, wodurch sie nach deren Ernte ersetzt werden sollen. Im Frühjahr aussäen, die Sämlinge abhärten, im Frühsommer in Reihen pflanzen, die für Prunkbohnen erforderlichen Stützen gleich mit aufstellen – und gut wässern. Kletterer rechtzeitig aufbinden und die Pflanzen bei Bedarf gegen Schädlinge schützen. Um den Schmuckgarten immer hübsch aussehen zu lassen: Versorgen Sie sich rechtzeitig mit Folgepflanzen, wenn die ersten Ernten anstehen.

Prunkbohne 'Liberty'

Zuckermais 'Lark'

Rotkohl 'Red Jewel'

Dicke Bohne 'The Sutton'

Grünkohl 'Red Russian'

Schalotte 'Golden Gourmet'

Gesundes Gemüse

Ein Garten ist eine beinah ganz-
jährige Aufgabe. Je mehr man aber
über lokales Klima und die Wünsche
einzelner Pflanzen weiß, desto ein-
facher wird das Gärtnern. Wir zeigen, wie Sie die »Basics« wie Jäten
und Düngen effektiv erledigen und
Schwierigkeiten schnell überwin-
den. Und wenn Sie nicht gleich die
chemische Keule schwingen wollen, erhalten Sie hier Tipps, wie Sie
verschiedene Helfer anlocken, die
Schädlinge vernichten.

Freunde im Garten

Heißen Sie nützliche Gäste in Ihrem Garten willkommen: Manche bestäuben Pflanzen, andere produzieren Humus oder vernichten Schädlinge.

Fleißige Bienen Bei Prunkbohnen und vielen weiteren Gemüsesorten erfolgt die Bestäubung durch Insekten. Besonders fleißig sind dabei die Bienen. Blühende Zierpflanzen im Gemüsegarten locken sie vermehrt herbei.

Nützliche Räuber

Längst nicht alle Insekten, die sich im Gemüsegarten tummeln, sind Ungeziefer. Viele von ihnen dezimieren ihrerseits Schadinsekten, die sonst eine ganze Ernte vernichten können. Daher sollte man sie gezielt anlocken, um so ein natürliches Gleichgewicht herzustellen. Pestizide, auch solche auf natürlicher Basis, töten oftmals nicht nur Schädlinge, sondern auch Nützlinge, und sollten nur als letztes Mittel zum Einsatz kommen.

Schwebfliegen Sie betätigen sich als Bestäuber, manchmal werden sie sogar mit Bienen verwechselt. Ihre Larven vernichten Schadinsekten.

Marienkäfer Die erwachsenen Tiere kennt jeder. Aber die nicht ganz so niedlichen Larven sind es, die nichts lieber fressen als saftige Blattläuse.

Florfliegen Das grazile Aussehen der erwachsenen Tiere lässt kaum ahnen, welche Mengen an Schädlingen ihre Larven vertilgen.

Helfer im Hintergrund

Oft unbemerkt, machen sich manche Tiere im Garten ausgesprochen nützlich. Wenn man Verstecke, Futter und eventuell Wasser anbietet, stellen sich bald freundliche Gartenhelfer ein: Vögel und Igel verzehren Insekten und sogar Schnecken, ein kleines Feuchtbiotop lädt Frösche ein, die emsige Schädlingsvertilger sind. Freuen Sie sich über Regenwürmer. Sie erzeugen Humus und verbessern damit die Bodenstruktur.

Singdrosseln Lieben alle Schnecken. Pflanzen Sie als Leckerbissen einen Beeren tragenden Strauch, dann bleiben die Vögel Ihrem Garten treu.

Kompostregenwurm Er ist bekannt dafür, in Windeseile Gemüseabfälle zu gutem Kompost zu verarbeiten. Wird auch als Mistwurm bezeichnet.

Frösche und Kröten Schon ein kleiner Teich genügt, um ein paar dieser eifrigen Schnecken-Jäger in den Garten zu locken.

Unkraut unerwünscht

Unkräuter im Gemüsegarten haben sich definitiv den falschen Platz ausgesucht. Sie nehmen den Nutzpflanzen Wasser, Nahrung und Licht weg und können Schädlinge beherbergen.

Unkraut jäten Durch stetes Jäten bekommt man jedes Unkraut in den Griff. Man braucht vielleicht etwas Durchhaltevermögen. Nehmen Sie sich in aller Ruhe, aber konsequent Abschnitt für Abschnitt vor. Wer statt zu Chemie regelmäßig zu Grabgabel und Hacke greift, hat die richtige Technik schnell heraus. Die Hacke ist ideal, um größere Flächen von einjährigen Unkräutern zu befreien. Mit der Gabel können Sie gut ausdauernde Unkräuter samt ihren Wurzeln ausmerzen. Eine kleine Handgabel ist praktisch, um zwischen Pflanzen zu jäten.

Stroh als Mulchschicht unterdrückt Unkraut und passt zu einem rustikalen Garten.

Sehr praktisch bei großen Flächen sind Geotextilien und andere Mulchfolien.

Unkraut unterdrücken Auf freiem Grund, auf abgeernteten oder frisch eingesäten Beeten, siedeln sich in Windeseile Unkräuter an. Schwarze Folie oder synthetische so genannte Geotextilien, über den Beeten ausgebreitet, halten das Licht ab und mindern so den Unkrautwuchs. Die Nutzpflanzen werden so gesetzt, dass sie durch in das Material geschnittene Löcher sprießen. Auch rings um Jungpflanzen verteilter organischer Mulch macht es Unkraut schwer, Fuß zu fassen. Und Salat oder niedrig wachsende Kapuzinerkresse, zwischen langsamer wachsendem Gemüse gezogen, blockt Unkraut ab.

Hacken Bei einjährigen Unkräutern reicht es, die Hacke oberflächlich durch die Erde zu ziehen, um das Grün von den Wurzeln zu trennen. Dieses flache Hacken verhindert außerdem, dass tiefer im Boden ruhende Samen nach oben gelangen und der Boden austrocknet.

Spritzen Gegen lästige Mehrjährige kann man ein systemisches Spritzmittel einsetzen, das über die Blätter die Wurzeln erreicht und so die Pflanzen abtötet. An einem windstillen Tag nahe Nutzpflanzen mit Folie abdecken, die Unkräuter ebenso auf Folie legen und einsprühen.

Graben Mit einer Handgabel kann man zwischen Pflanzen jäten und dabei auch ausdauernde Unkräuter wie diesen Hahnenfuß ausmerzen, solange sie noch klein sind. Herausgerissenes Unkraut nicht liegen lassen, sonst wurzelt es bei feuchter Witterung wieder an oder sät sich aus.

Mehrjährige Unkräuter Ihnen ist nur beizukommen, wenn man noch das letzte Wurzelfragment und sämtliche Ausläufer entfernt oder aber die Chemie zu Hilfe nimmt. Ausgegrabene Unkräuter nie auf den Komposthaufen geben, sonst begegnen sie Ihnen bald wieder.

Unkräuter im Überblick

Mehrjährige Unkräuter

Ackerwinde (*Convolvulus arvensis*) Weiße Blüten und ovale Blätter schmücken diese Winde, die aus dem kleinsten Wurzelabschnitt erneut austreibt und rasant wuchert.

Brombeere (*Rubus*) Kletternder Strauch, dessen lange, überhängende, stachelbesetzte Triebe an der Spitze einwurzeln. Dadurch kann er sich rasch zu einer Plage entwickeln.

Kriechender Hahnenfuß (*Ranunculus repens*) Die niedrig wachsende, gelb blühende Pflanze bildet mit ihren oberirdischen Ausläufern dichte, sehr hartnäckige Matten.

Quecke (*Agropyron repens*) Sie breitet sich in Windeseile aus. Bleibt von den Wurzeln, die man kaum intakt aus der Erde bekommt, nur ein Stück zurück, ist das Gras wieder da.

Löwenzahn (*Taraxacum officinale*) Unbedingt entfernen, bevor er sich aussät. Solange die Blätter-Rosetten noch klein sind, reicht auch die Pfahlwurzel noch nicht so tief.

Ampfer (*Rumex*) Er bildet große, längliche Blätter und hohe Blütenähren. Die fleischige Pfahlwurzel schiebt sich tief in den Grund und ist dann nur schwer zu entfernen.

Gewöhnlicher Giersch (*Aegopodium podagraria*) Zu holunderähnlichen Blättern treibt er weiße Blütendolden. Wegen unterirdischer Ausläufer kommt man ihm schwer bei.

Große Brennnessel (*Urtica dioica*) Ihre derben, gesägten Blätter sind mit Brennhaaren bedeckt. Die gelben kriechenden Wurzeln sind zwar gut zu sehen, aber schwer zu entfernen.

Schachtelhalm (*Equisetum*) Es ist fast unmöglich, ihn auszumerzen. Denn die dunkelbraunen, schnurartigen Wurzeln können sogar mehrere Meter tief in den Boden dringen.

Ein- und zweijährige Unkräuter

Einjähriges Rispengras (*Poa annua*) Selbst Pflasterritzen werden von diesem unscheinbaren, niedrigen Gras besiedelt. Ausmerzen, bevor es sich aussät und weiter um sich greift.

Jakobs-Greiskraut (*Senecio jacobeae*) Im zweiten Jahr bildet die hohe Pflanze gelbe, margeritenähnliche Blüten. Mit ihren flaumigen Samen erobert sie schnell freien Grund.

Vogelmiere (*Stellaria media*) So anmutig sie mit den weißen, sternförmigen Blütchen wirken mag, breitet sie sich durch Aussaat rasch aus und lässt Sämlingen keine Chance.

Gewöhnliches Greiskraut (*Senecio vulgaris*) Es findet sich wohl in jedem Garten, denn die Früchte segeln mit dem Wind. Die Pflanzen entfernen, bevor die winzigen Blüten reifen.

Gewöhnliches Hirtentäschel (*Capsella bursa-pastoris*) Aus Blattrosetten sprießen Trauben kleiner weißer Blüten, die schnell zu herzförmigen Samenkapseln reifen.

Schaumkraut (*Cardamine hirsuta*) Schon die Sämlinge mit ihren kresseartigen Blättern ausrupfen. Die Blütenstiele entwickeln nämlich rasch lange Samenkapseln.

Kletten-Labkraut (*Galium aparine*) Mit kleinen, hakigen Borsten klimmt das Kraut an anderen Pflanzen empor. Anstatt nur die Stängel zu entfernen, besser komplett ausreißen.

Weißer Gänsefuß (*Chenopodium album*) An den graugrünen, rautenförmigen Blättern und endständigen Blütenständen ist dieses rasch wachsende Unkraut leicht zu erkennen.

Wegerich (*Plantago*) Rosettige, fast ledrige Blätter breiten sich auf Beeten, Pflasterflächen und Rasen aus. Man sollte sie entfernen, bevor die kleinen Blütenähren sprießen.

Schädlingsbekämpfung

In jedem Garten findet man Schadinsekten, trotzdem muss man nicht gleich
zur Chemiekeule greifen. Manche dienen Nützlingen als Nahrung. Gesunde
Pflanzen widerstehen ihnen ohnehin.

Gesundes Gleichgewicht In fruchtbarem, durchlässigem
Boden gezogen und ausreichend mit Wasser versorgt,
entwickeln sich Pflanzen kräftig. Fruchtwechsel verhindert, dass sich Schaderreger an einer Stelle übermäßig
konzentrieren. Vögel, Igel, Frösche, auch manche Insekten
halten die Schädlinge in Schach. Von selbst, ohne Chemie,
entsteht oft ein natürliches Gleichgewicht, das der Hobbygärtner nur sanft unterstützen muss.

Gegenmaßnahmen Durch regelmäßiges Inspizieren der
Pflanzen können Sie Neubefall gleich entdecken und die
Schädlinge absammeln. Absehbare Probleme wie die
Möhrenfliege wendet man früh durch Vliesabdeckungen
oder durch Begleitpflanzen (*siehe Seite 116*) ab. Sprays nur
abends ausbringen, wenn Bienen und andere Nützlinge
nicht mehr unterwegs sind. Im Gewächshaus haben sich
Klebefallen und der gezielte Einsatz räuberischer Insekten
(im Fachhandel erhältlich) bewährt.

Klebefallen helfen im Gewächshaus gegen Schadinsekten.

Abwehr größerer Schädlinge

Sie können einen Gemüsegarten über Nacht vernichten.
Damit sie gar nicht erst zum Zuge kommen, sollte man im
Voraus Barrieren aufbauen. Wild und Kaninchen lassen
sich nur durch spezielle Zäune aufhalten. Für Schnecken,
Mäuse und Tauben gibt es dagegen preiswertere und
weniger aufwendige Abwehrmittel.

• Halbierte Plastikflaschen, unten mit Kupferband umwi-
  ckelt, schützen Jungpflanzen vor Schnecken und Vögeln.
• Über Bügel gespannte Netze halten Vögel ab. Feines
  Gewebe hindert Schmetterlinge an der Eiablage.
• Tief in den Boden versenktes Netzmaterial hindert Kanin-
  chen eine Weile, sich einen Weg zur Ernte zu graben.

Plastik und Kupferband gegen Schnecken.   Netze verhindern Vogelfraß.   Das Gärtnervlies hält Möhrenfliegen ab.

Schädlinge im Überblick

Blattläuse Sie schwächen die Pflanzen, weil sie den Saft saugen und dabei Krankheiten übertragen. Locken Sie Fressfeinde an; von Hand sammeln hilft bei kleinen Kolonien.

Kaninchen Die Fraßschäden, die sie verursachen, sind beträchtlich. Mit einem Maschendrahtzaun, der 30 cm tief in die Erde versenkt ist, kann man sie eine Weile abhalten.

Möhrenfliege Die Pflanzen mit Gärtnervlies abdecken. Dicht säen. Es gibt mittlerweile auch resistente Sorten, deren Rüben von den Maden verschont bleiben.

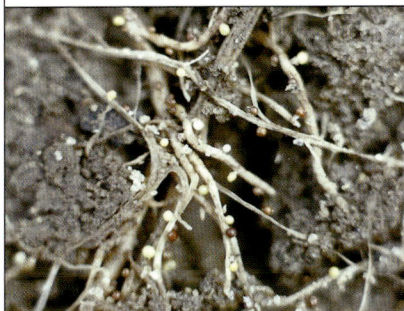

Kartoffelschädlinge Fadenwürmer, die zuerst die Wurzeln schädigen. Das Laub vergilbt und stirbt ab. Wo ein Befall war: Dasselbe Gemüse in Folge nicht kultivieren.

Raupen sind für viele Pflanzen enorm schädlich. Die Raupen des Erbsenwicklers fressen innerhalb der Hülsen die Samen auf. Frühzeitige Netzabdeckungen helfen.

Erdflöhe In den Blättern von Kohlarten, Speiserüben, Radieschen und Rucola hinterlassen die winzigen schwarzen Käfer runde Fraßlöcher. Gärtnervlies schützt die Sämlinge.

Weiße Fliegen Zu ihnen zählt z. B. die Gewächshaus-Mottenschildlaus, gegen die man als natürliches Gegenmittel die Schlupfwespe zum Einsatz bringt.

Rote Spinnen Gesprenkelte Blätter verraten die Spinnmilbe, die bevorzugt im Gewächshaus auftritt. Mit der Raubmilbe und durch Beregnen kann man ihrer Herr werden.

Schnecken Schützen Sie Ihre Pflanzen mit Bierfallen oder mit Nematoden als biologischer Alternative zum Schneckenkorn, das auch andere Tiere schädigt.

Krankheitsbekämpfung

Es ist wie bei den Menschen: Kräftige, gesunde Exemplare besitzen die besseren Abwehrkräfte. Hier ein paar Tipps, wie Sie Ihr Gemüse fit halten.

Vorbeugen ist besser als Heilen Eine wirksame Krankheitsbekämpfung beginnt mit einer aufmerksamen und regelmäßigen Pflege der Pflanzen. Da viele cemische Mittel äußerste Umsicht bei der Anwendung verlangen und unter Umständen auch dem Menschen schaden können, ist Prävention umso wichtiger.

Um sich gesund zu entwickeln, brauchen Pflanzen ausreichend Nährstoffe. Deshalb ist ein mit organischer Substanz angereicherter Boden so wichtig. Er speichert zudem die lebenswichtige Feuchtigkeit. Natürlich muss gerade bei heißem Wetter zusätzlich gewässert werden. Pflanzen, die unter Abdeckungen oder in Töpfen wachsen, sind besonders auf regelmäßiges Gießen und Düngen angewiesen. Da feuchte und stehende Luft Pilzinfektionen begünstigt, ist bei der Kultur unter Glas und Folie auf durchlässige Erde und gute Luftzirkulation zu achten.

Gartenhygiene hilft ebenfalls, Krankheiten vorzubeugen. Abgestorbenes Laub, abgeerntete Pflanzen und Unkräuter sind potenzielle Nährböden und werden daher baldmög-lichst entfernt. Infizierte Pflanzenteile verbrennen oder in die Mülltonne geben – nicht zum Komposthaufen.

Obwohl er sich in kleinen Gärten nicht leicht praktizieren lässt, ist Fruchtwechsel unbedingt zu empfehlen, damit sich Schaderreger nicht an einer Stelle anreichern. Ist eine bestimmte Krankheit von vornherein als Risiko bekannt, möglichst resistente Sorten kultivieren. Da frisch hinzugekaufte oder als Geschenk mitgebrachte Pflanzen Krankheiten in den Garten einschleppen könnten, sollte man sie stets genau inspizieren.

Mangelerscheinungen Oft werden Mängel wie vergilbte Blätter oder die Blütenendfäule (an Tomaten) als Krankheiten gewertet, obwohl sie eigentlich auf Nährstoff- oder Wassermangel zurückgehen. Richtig gedeutet und behandelt, lassen sich diese Störungen oft recht unkompliziert und schnell beheben.

Benutzen Sie frische Anzuchterde und neue oder sterilisierte Gefäße. Das beugt vielen Krankheiten vor.

Regelmäßiges Gießen mit Fingerspitzengefühl, also weder zu viel noch zu wenig, hilft Ihren Pflanzen, gesund zu bleiben.

Saure Böden vor dem Pflanzen von Kohlgewächsen kalken, um den pH-Wert zu erhöhen und Kohlhernie vorzubeugen.

Krankheiten im Überblick

Kraut- und Braunfäule Braune Flecken auf Kartoffeln und Tomaten und ihrem Laub. Ursache ist ein Pilz, der feuchte Wärme liebt. Mit einem Fungizid auf Kupferbasis besprühen.

Sclerotinia-Fäule Insbesondere an Stängeln und Früchten verschiedener Gemüsesorten zeigen sich Nassfäule und weißer, wolliger Pilzrasen. Befallene Pflanzen verbrennen.

Magnesiummangel Vor allem auf sauren Böden oder nach Regenfällen vergilben ältere Blätter zwischen den Adern. Bittersalz auf den Boden streuen oder als Blattdünger sprühen.

Kohlhernie Der im Boden lebende Pilz führt bei Kohlgewächsen zu Wurzelverdickungen. Das Laub welkt, die Pflanzen können eingehen. Für gute Drainage sorgen, kalken.

Blütenendfäule Trockenheit beeinträchtigt die Kalziumaufnahme und verursacht dunkle Stellen an der Spitze von Tomaten und Paprika. Regelmäßig und ausreichend gießen.

Echter Mehltau Der mehlig-weiße Blattbelag, der sich bei verschiedenen Gemüsearten als Folge von Bodentrockenheit zeigt, geht auf Pilze zurück. Den Boden gut wässern.

Mehlkrankheit der Zwiebel Der Pilz hält sich lange im Boden. An den Zwiebeln bildet sich ein wattig-weißer Bewuchs, das Laub vergilbt. Pflanzen entfernen und verbrennen.

Rost An Blättern und Stängeln verschiedener Gemüsearten entwickeln sich vor allem bei feuchter Witterung orangefarbene oder braune Stellen. Betroffene Blätter entfernen.

Grauschimmel Über Wunden oder die Blüten dringt der Pilz ein, erkennbar an einem wattig-grauen Belag. Das Verbrennen infizierter Pflanzen dämmt die Ausbreitung ein.

Pflanzliche Helfer

Sie sind nicht allein: Neben tierischen Lebewesen helfen auch bestimmte Pflanzen, Schädlinge auszutricksen und die Erde im Gemüsegarten aufzubessern.

Begleitpflanzen Zu den bekanntesten Vertretern gehört die Studentenblume oder Tagetes. Der kräftige Duft ihrer farbenprächtigen Blüten soll den Geruch umgebender Gemüsepflanzen maskieren, die dadurch von Schädlingen unentdeckt bleiben. Viele Gärtner nutzen diesen Effekt erfolgreich im Freiland und auch im Gewächshaus.

Boden verbessern und Insekten anlocken So genannte Gründüngerpflanzen werden kultiviert, um den Boden mit organischer Substanz und Stickstoff anzureichern. Man gräbt sie unter, bevor sie Samen bilden und verholzen, in kleinen Gärten optimal in Kombination mit Kompost oder anderem organischem Material. Reich blühende Pflanzen wie die Sumpfblume bringen Farbe ins Bild und locken nützliche Insekten an.

Die Futterwicke ist eine beliebte Gründüngerpflanze.

Die Sumpfblume übt auf Nutzinsekten eine starke Anziehung aus.

Mischkultur Hier wirkt dasselbe Prinzip wie beim Einsatz von Tagetes: Der starke Duft von Zwiebeln soll den der Möhren überlagern, die daher von der Möhrenfliege gar nicht erst wahrgenommen werden.

Basilikum als »Opferpflanze« Gewächshauskulturen bleiben weitgehend von der Weißen Fliege verschont, wenn gleich in der Nähe Basilikum steht. Denn über dessen zarte Blätter macht sich der Schädling als Erstes her.

Planer für das Gartenjahr

Die Jahreszeiten geben vor, was im Garten jeweils zu tun ist. Ein kluger, erfolgreicher Gemüsegärtner richtet sich nach dem Rhythmus der Natur.

Frühjahr

Wenn die Tage länger und wärmer werden, regt sich bei Gärtnern der Tatendrang. Aber erst 4–6 Wochen vor dem voraussichtlichen Ende der Frostperiode sollten Sie damit beginnen, empfindliche Gemüsesorten unter Abdeckung auszusäen. So können die Jungpflanzen in Ruhe heranreifen, bevor sie vereinzelt und abgehärtet werden.

Ins Freiland säen und pflanzen Viele winterharte Gemüsesorten können direkt ausgesät werden. Beispiele:
- etwa ab Frühjahrsmitte (ist jedes Jahr individuell zu entscheiden und hängt ab vom Grad der Sonneneinstrahlung und dem vorangegangenen Winter): Dicke Bohnen, Kohl, Lauch, Kopfsalate, Zwiebeln, Pastinaken, Erbsen aussäen. Spargel, Artischocken, Frühkartoffeln pflanzen.
- Mitte Frühjahr bis spätes Frühjahr: Rote Bete, Brokkoli, Möhren, Blumenkohl, Kohlrabi, Lauch, Radieschen, Rucola, Spinat, Mangold, Speiserüben säen. Zwiebeln und Kartoffeln pflanzen.
- Spätes Frühjahr: Stangenbohnen und Prunkbohnen, Rucola, Zuckermais und Mangold aussäen.

Unter Glas bzw. Folie aussäen Empfindlichere Gemüsesorten für eine frühe Ernte unter dem Schutz von Glas oder Folie aussäen. Ein paar Beispiele:
- Zeitiges Frühjahr: Rote Bete, Möhren, Knollen- und Stangensellerie, Gurken, Kopfsalate, Rucola.
- Mitte Frühjahr: Auberginen, Basilikum, Stangen- und Prunkbohnen, Petersilie, Paprika, Zuckermais, Tomaten.
- Spätes Frühjahr: Zucchini, Speisekürbisse.

Ernten Haben Ihre Kohlgewächse und Unterglaskulturen den Winter überstanden, ist es Zeit für die Ernte:
- Mitte Frühjahr: Kohl, Brokkoli, Kräuter, Blattsalate.
- Spätes Frühjahr: Blumenkohl, Kräuter, Mangold.
- je nach Wetter ab Frühjahr: Spargel, Dicke Bohnen, Kohlrabi, Erbsen, mehrjährige Kräuter, Radieschen, Lauchzwiebeln, Schalotten.

Frühlingsarbeiten Jetzt beginnt die arbeitsintensivste Zeit. Bei schönem Wetter gibt es vielerlei Aufgaben.
- Sämlinge pikieren und eintopfen, sobald sie sich gut handhaben lassen. Wenn die Fröste abklingen, Jungpflanzen im Frühbeet abhärten.
- Unkräuter hacken. Beete für die Pflanzung vorbereiten. Stützen für Bohnen und Erbsen installieren. Mehrjährige Kräuter ausgraben und teilen. Umtopfen.
- Saatkartoffeln zum Schutz gegen Frost anhäufeln. Für eine frühe Ernte gezogene Sorten mit Vlies oder anderen Abdeckungen gegen Kälte isolieren.

Im Frühjahr kann man mit der Direktaussaat beginnen.

Samen von Bohnen dürfen im Spätfrühjahr gleich ins Freie.

Planer für das Gartenjahr *(Fortsetzung)*

Sommer

Versuchen Sie, jeden Tag ein bisschen zu jäten, zu wässern und zu ernten. Selbst kleine Gärten vermögen eine wahre Gemüseschwemme hervorzubringen.

Aussäen Während des Sommers kontinuierlich Folge-saaten durchführen, damit Sie länger ernten können. Im Spätsommer Sorten säen, die unter Glas oder Folie für die Ernte im Winter kultiviert werden können.
* Frühsommer: Rote Bete, Brokkoli, Möhren, Zucchini, Freilandgurken, Stangen- und Prunkbohnen, Kräuter, Kopfsalate, Erbsen, Radieschen, Rucola, Lauchzwiebeln, Speisekürbisse, Mangold, Speiserüben.
* Mitte Sommer: Rote Bete, Brokkoli, Kopfsalate, Asia-Salate, Lauchzwiebeln, Speiserüben.
* Spätsommer: Pak choi, Radieschen, Spinat, Frühkohl, Speiserüben, Rettich.

Umsetzen Unter Glas oder im Freien in Saatbeeten gezo-gene Jungpflanzen im Frühsommer an ihren endgültigen Platz setzen. Nach dem Umsetzen gut wässern.
* Unter Glas: Auberginen, Gurken, Paprika, Tomaten.
* Freiland: Rosenkohl, Weißkohl, Blumenkohl, Sellerie, Zucchini, Stangenbohnen und Prunkbohnen, Grünkohl, Lauch, Zuckermais, Tomaten, Winterkürbisse.

Ernten Häufiges Ernten regt viele Pflanzen zur weiteren Blütenbildung an, sie werden dadurch produktiver.
* Frühsommer: Rote Bete, Dicke Bohnen, Weiß-und

Rotkohl, Blumenkohl, Zucchini, Artischocken, Kräuter, Kohlrabi, Kopf- und Blattsalate, Erbsen, Frühkartoffeln, Radieschen, Lauchzwiebeln, Mangold, Speiserüben.
* Mitte Sommer: Rote Bete, Dicke Bohnen, Kohl, Möhren, Zucchini, Gurken, Knoblauch, Kräuter, Kohlrabi, Salate, Erbsen, Frühkartoffeln, Radieschen, Lauchzwiebeln, Tomaten.
* Spätsommer: Auberginen, verschiedene Kohlsorten, Möhren, Brokkoli, Paprika, Zucchini, Gurken, Bohnen, Kräuter, Zwiebeln, Erbsen, mittelfrühe Kartoffeln, Scha-lotten, Zuckermais, Tomaten.

Sommerarbeiten Immer wieder mal nach den Pflanzen schauen, um gesundes Wachstum zu fördern. Trockenheit, Nährstoffmangel der Schädlinge könnten ein Problem sein.
* Wässern ist jetzt besonders wichtig, alle Pflanzen regel-mäßig wässern und düngen, kontinuierlich jäten tut Ihrem Garten gut.
* Sofern ein Gewächshaus vorhanden ist, dieses im Früh-sommer mit Schattierfarbe streichen. Täglich für gute Belüftung sorgen.
* Kletternde Gemüsepflanzen aufbinden. Bei Spaliertoma-ten die Seitentriebe ausbrechen. Späte Kartoffelsorten und hohe Kohlgewächse anhäufeln.
* Erntereife Gemüsesorten und Kräuter, die Sie nicht gleich verwerten können: Lagern, Einmachen, Einfrieren.

Schattierfarbe schützt Gewächshauskulturen vor extremer Hitze.

Kartoffeln anhäufeln, um Licht von den Knollen abzuhalten.

Herbst

Außer einer noch reichen Ernte steht die Aussaat für eine frühe Ernte im nächsten Frühjahr an. Allerdings kann ein strenger Winter alle Bemühungen um ganzjährigen Eigenanbau zunichte machen, wenn Sie kein beheizbares Gewächshaus haben.

Aussäen, Pflanzen und Umsetzen

- Frühherbst: Asia-Salate, Winterzwiebeln, Spinat und Mangold unter Glas säen. Frühkohl auspflanzen.
- Mitte Herbst: Dicke Bohnen, Brokkoli, Möhren und Erbsen unter Glas säen.
- Spätherbst: Winterzwiebeln setzen. Knoblauch setzen.

Ernten

- Frühherbst: Rote Bete, Möhren, Paprika, Gurken, Bohnen, Spätkartoffeln, Blattsalate, Zuckermais, Tomaten.
- Mitte Herbst: Weiß- und Rotkohl, Möhren, Spätkartoffeln, Blattsalate, Tomaten, Speiserüben.
- Spätherbst: Kohl, Kräuter, Blattkohl, Lauch.

Herbstarbeiten

- Den Garten säubern. Einjährige Unkräuter und ausgediente Nutzpflanzen kommen auf den Komposthaufen.
- Kürbisse für die Einlagerung nachtrocknen lassen.
- Schattierfarbe von Gewächshausfenstern abwaschen.
- Von Tomatenpflanzen die unteren Blätter abbrechen, damit die letzten Früchte noch richtig ausreifen.

Winter

Zeit zum Durchatmen. Lassen Sie das Jahr mit seinen Erfolgen und Fehlern Revue passieren. Nutzen Sie Ihre gewonnenen Erfahrungen für die nächste Saison.

Aussäen und pflanzen Winterhartes Gemüse kann nach den härtesten Frösten unter Glas oder Folie gesät werden.
- Zunächst: Dicke Bohnen, frühen Blumenkohl, Frühmöhren, Lauch, Kopfsalate, Zwiebeln säen.
- Ausgehender Winter: Dicke Bohnen, Rosenkohl, Weißkohl, Lauch, Zwiebeln, Erbsen, Radieschen, Schalotten und Speiserüben säen.

Ernten

- Rosenkohl, Kohlsorten, Lauch, Pastinaken. Unter Glas und Folie: Blattsalate, insbesondere Asia-Salate und Mangold.

Winterarbeiten Bauliche Veränderungen im Garten – etwa die Anlage von Wegen – sollten jetzt durchgeführt werden, damit der Garten im Frühjahr gleich startklar ist.
- Samen, Saatkartoffeln und Zwiebeln ordern. Ab Wintermitte die ersten frühen Saatkartoffeln an einem kühlen, hellen Platz zum Keimen bringen.
- Bei gutem Wetter abgeräumte Beete umgraben und mit Stallmist aufbessern. Bei Bedarf aufkalken.
- Im Gewächshaus mit einem speziellen Reinigungsmittel die Wände und Stellagen abwaschen. Altes Pflanzenmaterial ausräumen, um Krankheiten vorzubeugen.

Knoblauch lässt sich zu dekorativen Zöpfen flechten.

Im Winter den Boden umgraben und Unkraut beseitigen.

Die Pflanzen im Porträt

Wer die Kataloge von Gärtnereien durchblättert, den überwältigt oft die Fülle der Angebote. Dabei kann die richtige Auswahl den Unterschied zwischen fröhlichem Gärtnern und erfolgloser Plagerei bedeuten. Die Porträts helfen, das für Sie Geeignete zu finden. Die Symbole erschließen auf einen Blick die Ansprüche der Pflanzen. Viele erhielten wegen ihrer vorzüglichen Eignung für die Gartenkultur eine Auszeichnung der Royal Horticultural Society (RHS).

Erklärung der Symbole

    ♆   Ausgezeichnet durch die RHS

Bevorzugte Bodenverhältnisse

    ◊   Gut durchlässig

    ◖   Feucht

Bevorzugte Lichtverhältnisse

    ☼   Volle Sonne

    ☀   Halbschatten

Bei jedem Porträt finden Sie einen Zifferncode. Er ist jeweils einem Anbieter (Bezugsquellen S. 154–155) zugeordnet, der die beschriebene Sorte führt. Aufwendiges Suchen in Samenkatalogen entfällt damit.

Wurzelgemüse: Kartoffeln

Kartoffel *'Red Duke of York'*
Frühe Sorte, wüchsig und ertragreich. Rotschalige Knollen mit blassgelbem Fleisch. Kleine Exemplare für Salate geeignet, größere zum Kochen oder für Ofenkartoffeln. Jungtriebe vor Frost schützen.

Pflanzung: Frühjahr
Ernte: Sommer
◌ ◌ ☀ ♛
104

Kartoffel *'Foremost'*
Praktischerweise kann man sie ab Frühsommer und nach Bedarf den ganzen Sommer über ernten. Hellschalig, weißfleischig und fest. Ideal für Salate und zum Kochen. Junge Triebe brauchen Frostschutz.

Pflanzung: Frühjahr
Ernte: Hoch- bis Spätsommer
◌ ◌ ☀ ♛
114

Kartoffel *'Arran Pilot'*
Eine reiche Ernte neuer Kartoffeln mit hellgelbem, festem Fleisch ist bei dieser Sorte zu erwarten. Recht resistent gegen Kartoffelschorf, toleriert vorübergehende Trockenheit. Junge Sprosse brauchen Frostschutz.

Pflanzung: zeitiges Frühjahr
Ernte: Früh- bis Hochsommer
◌ ◌ ☀
114

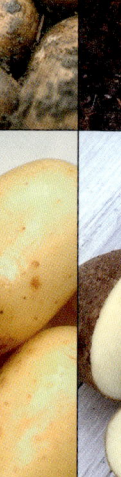

Kartoffel *'Mimi'*
Ideale Frühkartoffel für Containerkultur. Sie liefert Unmengen kleiner roter Knollen, die sich mit ihrem äußerst schmackhaften, festen, hellen Fleisch gut für Salate eignen. Die Jungtriebe vor Frost schützen.

Pflanzung: Frühjahr
Ernte: Sommer
◌ ◌ ☀ ♛
102

Kartoffel *'Charlotte'*
Aufgrund ihrer langen, glatten, gelbschaligen Knollen und des sehr aromatischen Geschmacks ist diese festkochende mittelfrühe Sorte nicht zuletzt als Salatkartoffel äußerst beliebt. Im Garten leicht zu kultivieren.

Pflanzung: Frühjahrsmitte bis -ende
Ernte: Spätsommer bis Frühherbst
◌ ◌ ☀ ♛
102

Kartoffel *'Saxon'*
Als Ofenkartoffeln, zum Kochen und für Pommes frites. Mehlig kochende mittelfrühe Sorte mit großen, hellfleischigen, mild-aromatischen Knollen. Erstaunlich resistent gegen Krankheiten und Schädlinge.

Pflanzung: Spätes Frühjahr
Ernte: Sommerende bis Frühherbst
◌ ◌ ☀
114

Kartoffel *'Royal Kidney'*
Ab Spätsommer liefert diese altbewährte, späte Sorte köstliche Salat-
kartoffeln, aber wer die zarten, ganz
jungen Knollen liebt, kann sie auch
schon früher ausgraben.
Pflanzung: Frühjahrsende
Ernte: Spätsommer, Frühherbst
◊ ◊ ☼
104

Kartoffel *'Ratte'*
Die langen, gelbschaligen Knollen dieser frühen Sorte gelten als echte Delikatesse. Ihr festes Fruchtfleisch besitzt
ein ausgeprägt nussiges Aroma. Sie
ist allerdings recht anspruchsvoll den
Boden betreffend.
Pflanzung: Frühjahrsmitte
Ernte: Spätsommer
◊ ◊ ☼ ♛
102

Kartoffel *'Rosa Tannenzapfen'*
Die späte Sorte bildet lange, unregel-
mäßige Knollen mit rosa Schale. Das
feste Fleisch hat eine erdige Note.
Exzellent als Pellkartoffeln und in
Salaten. Eine der ältesten Sorten.
Pflanzung: Frühjahrsmitte
Ernte: ab Frühherbst
◊ ◊ ☼ ♛
102

Kartoffel *'Kerrs Pink'*
Auf den meisten Böden zuverlässig
und ertragreich. Rötliche Schale und
hellgelbes Fleisch. Bestens geeignet
für Püree, Pommes frites, als Brat-
und Ofenkartoffeln. Eine späte Sorte
mit guten Lagereigenschaften.
Pflanzung: Frühjahrsende
Ernte: ab Frühherbst
◊ ◊ ☼
114

Kartoffel *'Sante'*
Aufgrund ihrer hohen Schädlings-
und Krankheitsresistenz eine optimale
Wahl für den Bioanbau. Die großen,
hellgelben Knollen schmecken als
Ofenkartoffeln, gekocht oder gebra-
ten vorzüglich. Gut zu lagern.
Pflanzung: Frühjahrsende
Ernte: ab Frühherbst
◊ ◊ ☼
102

Kartoffel *'Nicola'*
Wer eine mittelfrühe Salatkartoffel
sucht, ist mit dieser gegen Nemato-
den sowie die Kraut- und Braunfäule
resistenten Sorte gut bedient. Reiche
Ernte langer, gelber, fest kochender
Knollen. Gut zu lagern.
Pflanzung: Frühjahrsmitte
Ernte: ab Spätsommer
◊ ◊ ☼
102

Wurzelgemüse: Möhren, Rote Bete, Pastinaken

Möhre *'Parmex'*

Mit ihren kleinen, runden Wurzeln ist diese Sorte wie geschaffen für die Kultur in Terrassenkübeln oder flachen Böden. Feiner, süßer Geschmack. Vorgezogene Aussaat unter Glas oder Folie möglich.

Aussaat: bis Spätfrühjahr
Ernte: Spätfrühjahr bis Frühherbst
◊ ☼ ▽
101

Möhre *'Infinity'* **F1**

Ob roh oder gekocht, bestechen die langen, schlanken, durchgehend orangefarbenen Wurzeln durch ihre Süße. Sie können bis in den späten Herbst im Boden bleiben, aber auch gut eingelagert werden.

Aussaat: Frühjahr bis Sommermitte
Ernte: Spätsommer bis Spätherbst
◊ ☼ ▽
105

Möhre *'Flyaway'* **F1**

Wo die Möhrenfliege die Ernte sonst stark gefährdet, liefert diese auf geringere Anfälligkeit gegen den Schädling gezüchtete späte Sorte gute Erträge. Eher kurz und walzenförmig, glattschalig und süß.

Aussaat: Frühjahr bis Sommermitte
Ernte: Spätfrühjahr bis Herbstmitte
◊ ☼ ▽
101

Möhre *'Purple Haze'* **F1**

Schon im Namen, übersetzt »Purpurhauch«, deutet sich das ungewöhnliche Äußere dieser Möhre an. Innen ist sie tieforange. Vor allem roh ist sie geschmacklich wie optisch ein Genuss der besonderen Art.

Aussaat: Frühjahr bis Frühsommer
Ernte: Frühsommer bis Spätherbst
◊ ☼
101

Möhre *'Bangor'* **F1**

Vor allem auf feuchten Böden erweist sich diese späte Sorte als sehr ertragreich. Die langen, kräftigen Wurzeln können ab Spätsommer den ganzen Herbst hindurch geerntet werden und lassen sich gut lagern.

Aussaat: Frühjahrsmitte – Frühsommer
Ernte: Sommermitte bis Spätherbst
◊ ☼ ▽
103

Möhre *'Carson'* **F1**

Noch zu Winterbeginn kann man unter Umständen die mittelgroßen Wurzeln in größerer Menge ernten. Mit ihrer intensiven Farbe und dem knackigen, süßen Biss besonders als Rohkost ein Genuss.

Aussaat: Frühjahrs- bis Sommermitte
Ernte: Spätsommer bis Frühwinter
◊ ☼ ▽
105

Rote Bete *'Boltardy'*

Klassisch die Farbe und Form der dunkelroten, runden Rüben, die ein feines, süßes Aroma besitzen. Eine zuverlässige Sorte, aufgrund ihrer Schossfestigkeit ideal für die Aussaat unter Glas im Frühjahr.

Aussaat: Frühjahr bis Sommermitte
Ernte: Frühsommer bis Herbstmitte
◇ ☼ ♔
105

Rote Bete *'Chioggia Pink'*

Kurios und attraktiv: Unter der tiefroten Schale der kugeligen Rüben verbirgt sich pink-weiß geringeltes Fruchtfleisch. Der süße, milde Geschmack kommt auch im gekochten Zustand gut zur Geltung.

Aussaat: Frühjahrs- bis Sommermitte
Ernte: Frühsommer bis Herbstmitte
◇ ☼
101

Rote Bete *'Cylindra'*

Die lange Form der weinroten Rüben ergibt schön gleichmäßige Scheiben. Jung geerntet recht zart und intensiv, daher empfehlen sich mehrere Folgeaussaaten. Bei zu früher Aussaat Neigung zum Schossen.

Aussaat: Frühjahrsmitte – Frühsommer
Ernte: Sommermitte bis Spätherbst
◇ ☼
106

Rote Bete *'Pablo'* **F1**

Eine ideale Sorte für Terrassenkübel, zumal die tiefroten, sehr süßen Rüben ganz jung besonders gut schmecken. Sie können auch länger in der Erde bleiben, ohne dass sie verholzen und die Pflanzen schossen.

Aussaat: Frühjahrsmitte – Frühsommer
Ernte: Sommer- bis Herbstmitte
◇ ☼ ♔
103

Pastinake *'Gladiator'* **F1**

Eine beliebte Hybride, die schnell reift und mit hoher Zuverlässigkeit schon früh schmackhafte Wurzeln mit glatter, weißer Schale liefert. Ein zusätzliches Plus ist ihre gute Resistenz gegen Wurzelfäule.

Aussaat: ab zeitigem Frühjahr
Ernte: Herbstmitte
◇ ☼ ♔
103

Pastinake *'Tender and True'*

In tiefgründigem Boden entwickelt die beliebte Ausstellungssorte sehr lange Wurzeln, die feiner schmecken als die der meisten anderen Pastinaken. Darüber hinaus ist die Sorte resistent gegen Wurzelfäule.

Aussaat: Spätwinter bis Frühjahrsmitte
Ernte: Spätherbst bis Frühjahrsbeginn
◇ ☼ ♔
107

Wurzelgemüse: Rüben, Kohlrüben und Radieschen

Mairübe *'Petrowski'*
Unter den schnell reifenden Sorten eine der Besten. Die schneeweißen runden Rüben sollten möglichst jung geerntet werden, wenn sie noch schön knackig und fest sind. Sogar roh ein Genuss.

Aussaat: Frühjahr bis Sommermitte
Ernte: ab Frühsommer
◊ ◊ ☼ ☀
101

Mairübe *'Armand'*
Geeignet für die frühe Aussaat unter Glas, schnell reifend und zuverlässig. Plattrunde Rüben, delikat und auch hübsch anzusehen: oben von leuchtendem Rot und in dem Bereich, der in der Erde steckte, reinweiß.

Aussaat: Frühjahr bis Sommermitte
Ernte: ab Spätfrühjahr
◊ ◊ ☼ ☀
107

Kohlrübe *'Brora'*
Diese delikate Kohlrübe ist von ausgeglichen runder Form, oben bläulich rot und unten von heller Farbe. Ihr zartes Fleisch ist frei von Bitterstoffen. Der frühe Winter hat sich als beste Erntezeit erwiesen.

Aussaat: Spätfrühjahr bis Sommer
Ernte: Herbstmitte bis Winter
◊ ☼ ♆
116

Radieschen *'French Breakfast'*
Die rosaroten, in einer weißen Spitze endenden Zapfen lassen sich hervorragend in Scheiben schneiden. Knackig und mild mit nur leichter Schärfe. Eine unkomplizierte und schnellwüchsige Sorte.

Aussaat: Frühjahr bis Frühsommer
Ernte: Spätfrühjahr bis Herbstmitte
◊ ◊ ☼ ☀ ♆
101

Radieschen *'Cherry Belle'*
Selbst Anfänger kommen mit dieser Sorte zurecht, die auch magere Böden toleriert. Die kleinen, runden strahlend roten Knollen besitzen eine milde Würze. Sie wachsen rasch und verholzen nur langsam.

Aussaat: Frühjahr bis Frühsommer
Ernte: Spätfrühjahr bis Herbstmitte
◊ ◊ ☼ ☀ ♆
101

Radieschen *'Mantanghong'* **F1**
Exotische Züchtung, die aber keine großen Ansprüche stellt. Die tennisballgroßen Knollen haben eine blassgrüne Schale, das Innere ist karminrot mit weißem Rand. Nussiger Geschmack mit leichter Schärfe.

Aussaat: Früh- bis Hochsommer
Ernte: Spätsommer bis Frühwinter
◊ ◊ ☼ ☀
101

Kopfkohl

Weißkohl *'Pixie'*
Er zählt zu den beliebtesten Spitz-kohlsorten. Man kann ihn zu einem festen Kopf reifen lassen oder auch die jungen Blätter pflücken. Ein ver-lässliches Gemüse, das auch gelagert werden kann.

Aussaat: Sommer
Ernte: bis starker Frost kommt
◌ ◑ ☼ ☀ ♔ ♇
105

Weißkohl *'Derby Day'*
Eine mittelfrühe Sorte mit hellgrünen, runden Köpfen. Sie genießt lange schon bei Gärtnern hohes Ansehen, da sie erstens schossfest ist und zweitens die reifen Kohlköpfe sogar Sommerhitze aushalten.

Aussaat: Frühjahrsbeginn
Ernte: Sommer
◌ ◑ ☼ ☀ ♇
105

Weißkohl *'Hispi'* **F1**
Auch dieser spitze Kohl steht bei Gärtnern hoch im Kurs. Er bildet verlässlich kompakte, dunkelgrüne, schmackhafte Köpfe, die schnell reifen. Durch Folgesaaten kann man über einen langen Zeitraum ernten.

Aussaat: Frühjahr bis Spätsommer
Ernte: Spätherbst
◌ ◑ ☼ ☀
105

Rotkohl *'Marner Frührot'*
Fest geschichteter, intensiv roter Kopf mit leicht grauem Umblatt. Der pfeff-rige Geschmack dieses Rotkohls, der als einer der Ersten reift, kommt am besten zur Geltung, wenn man ihn roh genießt.

Aussaat: Frühjahrsbeginn
Ernte: Hoch- bis Spätsommer
◌ ◑ ☼ ☀
101

Weißkohl *'Minicole'* **F1**
Mit ihrem kompakten Wuchs und den kleinen, runden Köpfen ist die Sorte ideal für kleine Gärten. Dichte Pflanzung sichert eine reiche Ernte ab Herbst. Bis zu 3 Monate kann das Gemüse auf dem Beet bleiben.

Aussaat: Spätfrühjahr
Ernte: Frühherbst bis Frühwinter
◌ ◑ ☼ ☀
107

Rotkohl *'Red Jewel'* **F1**
Dank ihrer weinroten, silbrig über-hauchten Blätter hat die Sorte einen hohen Zierwert. Die festen, runden Köpfe schmecken zudem vorzüglich. Man kann sie gut lagern, aber bis es kälter wird auf dem Beet lassen.

Aussaat: Frühjahr bis Frühsommer
Ernte: Sommermitte bis Frühherbst
◌ ◑ ☼ ☀
103

Kohlgewächse: Kopfkohl, Wirsing, Brokkoli, Blumenkohl

Weißkohl *'January King 3'*
Bewährter Winterkohl mit hoher Frostresistenz und knackigen, delikat süßlich schmeckenden Blättern. Mit ihrem gefransten Rand und zartrosa Hauch machen sie sich im winterlichen Garten sehr dekorativ.

Aussaat: Frühjahrsmitte – Frühsommer
Ernte: Spätherbst bis Spätwinter
◊ ◊ ☼ ☀
105

Kohl *'Tundra'* **F1**
Die Kreuzung aus Wirsing und Weißkohl bildet feste, runde Köpfe mit schmackhaften, knackigen Blättern. Sie ist normalerweise recht winterhart und garantiert eine lange Ernteperiode.

Aussaat: Frühjahr bis Frühsommer
Ernte: Herbstmitte bis Frühjahrsbeginn
◊ ◊ ☼ ☀ 🏆
103

Wirsing *'Savoy Siberia'* **F1**
Da er auch kältere Temperaturen übersteht, ist er ideal für exponierte Standorte. Seine bläulich grünen, gewellten Blätter schmecken mildwürzig. Die Köpfe können lange auf dem Beet bleiben.

Aussaat: Frühjahr bis Frühsommer
Ernte: Frühherbst bis Winteranfang
◊ ◊ ☼ ☀
105

Brokkoli *'Corvet'* **F1**
Typisch für diese Sorte sind ihr kräftiger Wuchs und stattliche Blütenköpfe. Man schneidet diese, solange die Blüten noch geschlossen sind. So hat man einige Wochen später eine zweite Ernte (kleinere Sprosse).

Aussaat: mittleres bis Spätfrühjahr
Ernte: Spätsommer bis Frühherbst
◊ ◊ ☼
108

Brokkoli *'Bordeaux'*
Ein guter Tipp für jene, die schon vor dem Frühjahr ernten wollen. Die Sorte ist kälteempfindlich, braucht im Gegensatz zu anderen keine Kälte, um ihre delikaten, purpurnen Sprosse hervorzubringen.

Aussaat: ab Frühjahr
Ernte: Sommer- bis Herbstmitte
◊ ☼ 🏆
108

Brokkoli *'White Star'*
Nicht nur durch das ungewöhnliche Cremeweiß der Blütenstände fühlen viele sich bei dieser Sorte an Blumenkohl erinnert, sondern auch durch ihren Geschmack. Sie ist lange zu ernten und ertragreich.

Aussaat: mittleres bis Spätfrühjahr
Ernte: Sommer
◊ ☼ 🏆
108

Brokkoli *'Claret'* **F1**
Große, kräftige Pflanze, die in windigen Lagen unter Umständen eine Stütze braucht. Im Frühjahr zahlreiche dicke, saftige Sprosse. Purpurne, kompakte und gleichförmige Blumen von köstlichem Geschmack.

Aussaat: Frühjahrsmitte
Ernte: ab Frühsommer
◊ ☼ ♉
105

Brokkoli *'Late Purple Sprouting'*
Diese etwas verzögert blühende Sorte empfiehlt sich, um die Ernte bis Sommerende auszudehnen. Sie bildet erst spät Samen, und so kann man die wohlschmeckenden Sprosse über eine lange Zeit schneiden.

Aussaat: mittleres bis Spätfrühjahr
Ernte: Sommer
◊ ☼ ♉
105

Blumenkohl *'Walcheran Winter Armado April'*
Zuverlässige Sorte, die Kälte verträgt und feste Köpfe von sehr heller Farbe bildet. Für kleine Gärten eingeschränkt geeignet, da dieser Kohl das Beet eventuell 12 Monate belegt.

Aussaat: mittleres bis Spätfrühjahr
Ernte: bis zum Frühjahr darauf möglich
◊ ◐ ☼
103

Blumenkohl *'Mayflower'* **F1**
Neue Frühsommersorte, widerstandsfähig gegen die gefährliche Kohlhernie. Liefert zuverlässig dichte, weiße Köpfe bester Qualität. Ist meist erntereif, bevor sommerliche Trockenheit droht.

Aussaat: zeitiges Frühjahr
Ernte: bis Sommermitte
◊ ◐ ☼ ♉
107

Blumenkohl *'Romanesco'*
Zackenbesetzt und knallgrün ist diese Sorte ein besonderer Blickfang. Gibt man ihr Zeit, bildet sie einen großen Kopf. Für häufige Ernten kleinerer Exemplare mehrmals in Folge aussäen.

Aussaat: Spätfrühjahr
Ernte: Spätsommer bis Spätherbst
◊ ◐ ☼
107

Blumenkohl *'Violet Queen'* **F1**
Die leuchtend purpurnen Blütenköpfe dieser Sorte beleben jedes Gemüsebeet, färben sich beim Kochen allerdings grün. Für einen kräftigen Wuchs braucht die Sorte reichlich Stickstoff und Wasser.

Aussaat: Spätfrühjahr bis Frühsommer
Ernte: Spätsommer bis Frühherbst
◊ ◐ ☼ ♉
105

Kohlgewächse: Kohlrabi, Asia-Salate

Rosenkohl '*Red Delicious*'
Von Kopf bis Fuß präsentiert sich die prächtige Pflanze in einem attraktiven Purpurrot, das die fein aromatischen Röschen sogar beim Kochen bewahren – eine Besonderheit dieser Sorte.

Aussaat: ab Frühjahrsmitte
Ernte: Spätherbst
◊ ◖ ☼
105

Rosenkohl '*Trafalgar*' F1
Falls Sie zarten Rosenkohl für das Weihnachtsessen planen, ist diese Sorte genau richtig. Die hohen, kräftigen Sprosse sind dicht besetzt mit gleichförmigen Röschen von mildem Geschmack.

Aussaat: ab Frühjahrsmitte
Ernte: Spätherbst bis Frühwinter
◊ ◖ ☼
103

Rosenkohl '*Bosworth*' F1
Die zahlreichen dunkelgrünen, festen Röschen besitzen ein mildes Aroma. Auch kalte Winter werden von dieser Hybride gut vertragen. Eine gewisse Toleranz gegenüber Falschem Mehltau sichert eine gesunde Ernte.

Aussaat: ab Frühjahrsmitte
Ernte: Spätherbst bis Frühwinter
◊ ◖ ☼ ♛
103

Grünkohl '*Redbor*' F1
Grünkohl ist immer ein lohnendes Wintergemüse. Aber diese Sorte erfreut an trüben Wintertagen auch das Auge mit ihren großen Blättern in Weinrot, die aussehen wie krause Riesenpetersilie.

Aussaat: bis Spätfrühjahr
Ernte: Frühherbst bis starken Frost
◊ ◖ ☼ ◗ ♛
106

Grünkohl '*Starbor*' F1
Kompakter als fast jeder andere Grünkohl und daher ideal für kleine Gärten oder windige Lagen. Die stark gekrausten Blätter vertragen gut Kälte. Mit Folgesaaten kann man u.U. ganzjährig zartes Grün ernten.

Aussaat: Frühjahr bis Frühsommer
Ernte: Frühherbst bis starker Frost
◊ ◖ ☼ ◗
106

Grünkohl '*Nero di Toscana*'
In der toskanischen Küche ist er als »cavolo nero« sehr beliebt. Die fast schwarzen Blätter erinnern mit ihrer Struktur an Wirsing. Ausgereift in Suppen und Eintöpfen, früh geerntet in Salaten zu verwenden.

Aussaat: Frühjahr bis Frühsommer
Ernte: Frühherbst bis starker Frost
◊ ◖ ☼ ◗
106

Kohlrabi '*Korist*' F1

Die oberirdischen, knackigen und weißfleischigen Knollen etwa tennisballgroß ernten, kurz gedünstet oder geraspelt roh in Salaten genießen. Verlässlich, kaum Neigung zum Verholzen und zum Schossen.

Aussaat: Frühjahr bis Frühsommer
Ernte: bis Herbstmitte
◊ ◗ ☼ ☀
107

Kohlrabi '*Blaro*' F1

Hübsch anzusehen ist das Purpurrot von Schale und Stängel. Hinzu kommt ein herrlicher, süß-nussiger Geschmack. Rote Sorten reifen später. Der Ernte bis in den späten Herbst steht also nichts im Weg.

Aussaat: Frühjahrsmitte – Frühsommer
Ernte: Sommermitte bis Spätherbst
◊ ◗ ☼
107

Pak Choi '*Joi Choi*'

Wok-Gerichte geraten mit den knackigen, saftigen Blättern von Pak-Choi äußerst frisch und herzhaft. Bei dieser anspruchslosen Sorte bestechen die Blätter auch optisch durch ihren Farbkontrast.

Aussaat: Frühjahrsmitte bis Frühherbst
Ernte: Frühsommer bis Herbstmitte
◊ ◗ ☼ ♔
107

Mizuna

Im Sommer sprießt dieser Schnittsalat, dessen gezahnte Blätter ein leicht senfartiges Aroma aufweisen, beinahe wie von selbst. Das junge Grün passt gut in Salate, große Blätter werden gebraten oder gedünstet.

Aussaat: Frühjahr bis Frühherbst
Ernte: Spätfrühjahr bis Spätherbst
◊ ☼
109

Mibuna

Wie Mizuna ein idealer Schnittsalat, den Sie, wenn man immer wieder nachsät, von Frühjahr bis Herbst ernten können. Der Geschmack der langen, glatten Blätter ist ähnlich, aber etwas herber.

Aussaat: Frühjahr bis Frühherbst
Ernte: Spätfrühjahr bis Spätherbst
◊ ☼
109

Ackersenf '*Red Giant*'

Am besten pflückt man die rötlichen Blätter wenn sie noch jung und zart sind, sonst kann ihr pfeffriges Aroma überhand nehmen. Der attraktive Asia-Salat hält es, im Spätsommer gesät, bis in den Spätherbst aus.

Aussaat: Frühjahrsmitte bis Frühherbst
Ernte: Spätfrühjahr bis Spätherbst
◊ ☼
102

Salate und Blattgemüse: Salat, Spinat, Mangold, Rucola

Kopfsalat *'Roxy'*
Zu einem lockeren Kopf formierte zarte Blätter, die sich mit ihrem rötlichen Hauch hübsch in gemischten Salaten machen. Gedeiht auch auf kärgeren Böden, reift schnell und hat eine gewisse Mehltauresistenz.

Aussaat: Frühjahrsmitte – Spätsommer
Ernte: Spätfrühjahr bis Herbstmitte
◊ ◗ ☼ ☀ ♈
107

Kopfsalat *'Tom Thumb'*
Diese kompakte, rein grüne Sorte bildet rasch ein dichtes Herz, der Geschmack ist angenehm lieblich. Ideal für kleine Gärten, da sie nur geringe Pflanzabstände verlangt und schnell geerntet werden kann.

Aussaat: Frühjahrs- bis Sommermitte
Ernte: Spätfrühjahr bis Frühherbst
◊ ◗ ☼ ☀
103

Romana-Salat *'Little Gem'*
Man kennt Romana-Salat aus jedem Supermarktregal, aber aus eigenem Anbau schmeckt er feiner und knackiger. Eine kleine Sorte, die schneller reift als fast jede andere – für Kleingärten die perfekte Wahl.

Aussaat: Frühjahrs- bis Sommermitte
Ernte: Spätfrühjahr bis Frühherbst
◊ ◗ ☼ ☀ ♈
103

Salat *'Little Freckles'*
Der lockere Kopf setzt sich aus rot gesprenkelten Blättern zusammen und kann sich damit sogar auf Schmuckrabatten sehen lassen. Schnell reifend. Neigt auch bei Wärme nicht zum Schossen.

Aussaat: Frühjahrsmitte bis Spätsommer
Ernte: Spätfrühjahr bis Herbstmitte
◊ ◗ ☼ ☀
103

Eichblattsalat *'Flamenco'*
Nicht kopfbildende Salate lassen sich besonders mühelos ziehen und früh ernten. Man pflückt die jungen Blätter einzeln oder schneidet später die komplette Pflanze. Diese dunkelrote Sorte schmeckt sehr angenehm.

Aussaat: Frühjahr bis Sommermitte
Ernte: Frühsommer bis Herbstmitte
◊ ◗ ☼ ☀ ♈
107

Eichblattsalat *'Smile'*
Die zarten Blätter haben einen so feinen Geschmack, dass man sie gern den ganzen Sommer über immer wieder aussät. Ein weiterer Vorzug dieser Sorte besteht in ihrer sehr geringen Neigung zum Schossen.

Aussaat: Frühjahrs- bis Sommermitte
Ernte: Spätfrühjahr bis Herbstmitte
◊ ◗ ☼ ☀ ♈
107

Salat 'Lollo Rossa-Nika'

Mit dem satten, beinahe purpurnen Rot ihrer stark gekrausten Blätter hat diese Sorte einen hohen Zierwert. Abgesehen davon haben die jungen Blätter einen angenehm milden Geschmack, später werden sie bitter.

Aussaat: zeitiges Frühjahr – Sommermitte

Ernte: Spätfrühjahr bis Herbstmitte

◊ ◑ ☼ ☼   103

Eisbergsalat 'Fortunas'

Diese knackige Neuzüchtung vereint Resistenzen gegen Blattläuse und Falschen Mehltau. Die Sorte hat dicht geschlossene Köpfe und behält seine Frische im Kühlschrank ein paar Tage. Schossfest.

Aussaat: Frühjahr bis Sommermitte

Ernte: Spätfrühjahr bis Herbstmitte

◊ ◑ ☼ ☼ ♈

107

Eisbergsalat 'Sioux'

Bei warmer Witterung kommt die reizvolle rötliche Tönung stärker heraus und macht ihn für Kleingärtner optisch sehr attraktiv. Aber der knackige Salat punktet auch in kulinarischer Hinsicht.

Aussaat: Frühjahr bis Sommermitte

Ernte: Frühsommer bis Herbstmitte

◊ ◑ ☼ ☼ ♈

103

Schnittmangold 'Perpetual Spinach'

Er liefert die ganze Vegetationsperiode hindurch reichlich saftige, grüne Blätter und ähnelt optisch und geschmacklich dem Spinat. Kaum Ansprüche, auch bei Trockenheit kaum Neigung zum Schossen.

Aussaat: Frühjahrs- bis Sommermitte

Ernte: bis in den Herbst hinein

◊ ◑ ☼ ♈

105

Spinat 'Tetona' F1

Ertragreiche Sorte, die eine Vielzahl rundlicher, dunkelgrüner Blätter hervorbringt. Diese kann man, jung gepflückt, gut für Salate verwenden. Für Gemüsezubereitungen lässt man die Pflanzen ausreifen.

Aussaat: Frühjahr bis Spätsommer

Ernte: Spätfrühjahr bis Spätherbst

◊ ◑ ☼ ☼ ♈

103

Rucola 'Apollo'

Die großen, abgerundeten Blätter dieser Züchtung haben einen markant pfeffrigen, aber nicht bitteren Geschmack. Unkompliziert, auch gut für Topfkultur geeignet. Bei heißem Wetter reichlich gießen.

Aussaat: Frühjahr bis Sommermitte

Ernte: Frühjahrsende bis Herbstmitte

◊ ◑ ☼ ☼

101

Rucola, Radicchio, Zuckerhut, Mangold

Rucola '*Rocket Wild***'**
Der beliebte Schnittsalat gedeiht selbst im Topf gut. Hier braucht er lediglich genug Gießwasser. Häufiges Pflücken der schlanken, gezahnten, angenehm pikanten Blätter verlängert die Ernteperiode.

Aussaat: zeitiges Frühjahr – Frühherbst
Ernte: ab Frühjahrsmitte
◑ ◌ ☼ ☀
102

Radicchio '*Indigo***' F1**
Die neue Sorte bietet eine besonders hohe Erntesicherheit. Die großen, festen Blätter verleihen Salat das gewisse Etwas, können aber auch leicht gedünstet genossen werden. Verträgt leichten Frost.

Aussaat: zeitiges Frühjahr
Ernte: Spätherbst
◌ ◑ ☼ ☀ ♛
107

Zuckerhut '*Sugar Loaf***'**
Er wird genau wie Salat kultiviert und gedeiht gut auf kärgeren Böden. Die langen, schlanken Köpfe ausreifen lassen, sie schmecken gedünstet hervorragend, oder bereits die jungen, zarten Blätter für Salat pflücken.

Aussaat: Frühjahrsmitte – Spätsommer
Ernte: Sommer- bis Herbstmitte
◌ ☼ ☀
101

Mangold '*Bright Lights***'**
Stiele in Weiß, Gelb, Pink und Purpur setzen im Gemüsegarten, aber auch auf Blumenrabatten reizvolle Akzente. Bei ausreichendem Winterschutz treibt die unkomplizierte Sorte unter Umständen erneut aus.

Aussaat: Frühjahrs- bis Sommermitte
Ernte: Frühsommer bis Herbstmitte
◑ ◌ ☼ ♛
101

Mangold '*Rhubarb Chard***'**
Mit dem krassen Kontrast zwischen dem saftigen Grün und leuchtenden Rot eine der attraktivsten unter den bunten Gemüsen. Macht sich gut in Töpfen und auf Blumenbeeten. Die jungen Blätter beleben Salate.

Aussaat: Frühjahrs- bis Sommermitte
Ernte: bis in den Spätherbst
◑ ◌ ☼ ♛
107

Mangold '*Lucullus***'**
Ebenso dekorativ wie köstlich mit ihrem milden, doch würzigen Geschmack sind die großen, grünen Blätter. Man kann sie kochen, dämpfen oder dünsten. Die Sorte ist schnell erntereif.

Aussaat: Frühjahrs- bis Sommermitte
Ernte: Frühsommer bis Herbstmitte
◑ ◌ ☼ ♛
101

Kürbisgewächse: Zucchini, Kürbisse

Zucchini 'Diamant' F1
Verlässliche Sorte von buschigem Wuchs. Für Containerkultur geeignet. Die grüne Schale der zahlreich sprießenden Früchte umschließt helles, schmackhaftes Fleisch. Zucchini möglichst jung ernten.

Aussaat: Frühjahrsmitte – Frühsommer
Ernte: Sommermitte bis Frühherbst
◊ ◊ ☼
107

Zucchini 'Defender'
Sehr produktive und frühe Sorte mit Resistenz gegen das Gurkenmosaikvirus, das anderen Sorten gefährlich werden kann. Wenn man die Früchte jung pflückt, kommen bis Herbstmitte immer wieder neue nach.

Aussaat: Frühjahrsmitte – Frühsommer
Ernte: Sommer- bis Herbstmitte
◊ ◊ ☼ ♆
103

Zucchini 'Burpee's Golden'
Ebenfalls recht ertragreich ist diese Sorte, die sich mit dekorativen Früchten in auffälligem Gelb schmückt. Sie hat einen sehr feinen Geschmack, insbesondere wenn man sie so früh wie möglich erntet.

Aussaat: Frühjahrsmitte – Frühsommer
Ernte: Sommermitte bis Frühherbst
◊ ◊ ☼
103

Zucchini 'Tromboncino'
Wenn man diese wuchskräftige italienische Sorte vor einer sonnigen Wand zieht, kommen ihre schön geformten, blassgrünen Früchte, die über 30 cm lang werden können, besonders gut zur Geltung.

Aussaat: Frühjahrsmitte – Frühsommer
Ernte: Sommermitte bis Frühherbst
◊ ◊ ☼
103

Zucchini 'Venus' F1
Mit ihrem äußerst kompakten Wuchs ist sie ideal für kleine Gärten und Container. Zugleich liefert sie reiche Erträge. Die mittelgrünen, delikaten Früchte sind unter guten Bedingungen in etwa 60 Tagen erntereif.

Aussaat: Frühjahrsmitte – Frühsommer
Ernte: Sommer bis Herbstmitte
◊ ◊ ☼ ♆
103

Sommerkürbis 'Long Green Bush'
Die Sorte wächst recht kompakt, passt also gut in kleine Gärten. Die langen, dunkelgrünen Früchte mit heller Zeichnung wachsen rasch heran. Man kann sie aber bereits in Zucchini-Größe ernten.

Aussaat: Frühjahrsmitte – Frühsommer
Ernte: Sommer- bis Herbstmitte
◊ ◊ ☼
105

Kürbisgewächse: Kürbisse, Gurken

Kürbis *'Sunburst'* F1

Die ungewöhnliche Form dieses Sommerkürbisses ist ein originelles Dekorationselement. Die Sorte gedeiht recht problemlos. Früchte wachsen, wenn man regelmäßig erntet, immer wieder nach.

Aussaat: Frühjahrsmitte – Frühsommer
Ernte: Sommer- bis Herbstmitte
◌ ◑ ☼
101

Kürbis *'Uchiki Kuri'*

Der Hokkaido-Kürbis gedeiht in gemäßigtem Klima. Er bringt mehrere mittelgroße Früchte mit orangeroter Schale und goldgelbem Fleisch von delikat nussigem Geschmack hervor. Gut lagerfähig.

Aussaat: Frühjahrsmitte bis -ende
Ernte: Spätsommer bis Herbstmitte
◌ ◑ ☼
101

Kürbis *'Early Butternut'* F1

Von eher mäßigem Wuchs, eignet sich dieser Kürbis auch für kleinere Gärten. Dabei ist er erfreulich ertragreich. Die glockenförmigen Früchte schmecken süß und lassen sich unkompliziert lagern.

Aussaat: Frühjahrsmitte bis -ende
Ernte: Spätsommer bis Herbstmitte
◌ ◑ ☼
101

Kürbis *'Crown Prince'* F1

Schon vor der Ernte spricht der mit rankenden Trieben wachsende Kürbis mit seiner aparten, blaugrauen Schale die Sinne an. Das dazu stark kontrastierende, orangegelbe Fruchtfleisch schmeckt nussig.

Aussaat: Frühjahrsmitte bis -ende
Ernte: Spätsommer bis Herbstmitte
◌ ◑ ☼
101

Kürbis *'Turk's Turban'*

Kulinarisch gesehen ist dieser Türkenturban mit seinem hellgelben Fleisch und rübenähnlichen Geschmack nicht jedermanns Sache. Dafür fasziniert er mit seiner Form und Farbgebung umso mehr.

Aussaat: Frühjahrsmitte bis -ende
Ernte: Spätsommer bis Herbstmitte
◌ ◑ ☼
103

Kürbis *'Festival'* F1

Rankende Sorte mit zahlreichen kleinen, orange und hellgelb gestreiften Früchten. Hübsch anzusehen und zudem, pikant gefüllt oder im Ofen gebraten, von delikatem, nussigem Geschmack. Gut lagerfähig.

Aussaat: Frühjahrsmitte bis -ende
Ernte: Spätsommer bis Spätherbst
◌ ◑ ☼
103

Gurke 'Bush Champion' F1

Gegen das Gurkenmosaikvirus recht widerstandsfähige Freilandsorte von kompaktem Wuchs. Gute Eignung für kleine Gärten und Containerkultur. Etwa 10 cm lange Früchte von recht mildem Geschmack.

Aussaat: Frühjahrsmitte – Frühsommer
Ernte: Spätsommer bis Herbstmitte
△ ◐ ☀ ♔
107

Gurke 'Marketmore'

Diese Sorte lässt sich gut im Freien an einem Stangenzelt oder Spalier ziehen. Sie ist gegen das Gurkenmosaikvirus resistent und liefert zahlreiche, bis zu 20 cm lange Früchte ohne jede Bitternote im Geschmack.

Aussaat: Frühjahrsmitte – Frühsommer
Ernte: Spätsommer bis Herbstmitte
△ ◐ ☀ ♔
102

Gurke 'Masterpiece'

Unter der dunkelgrünen, leicht stacheligen Schale verbirgt sich schön knackiges, saftiges weißes Fruchtfleisch. Eine verlässliche Sorte für den Freilandanbau, die es dankt, wenn man sie klettern lässt.

Aussaat: Frühjahrsmitte – Frühsommer
Ernte: Spätsommer bis Herbstmitte
△ ◐ ☀ ♔
103

Gurke 'La Diva'

Preisgekrönte Sorte, die man im Gewächshaus wie im Freien ziehen kann. Ihre saftigen, glattschaligen Früchte haben eine praktische Portionsgröße und schmecken fantastisch. Resistent gegen Mehltau.

Aussaat: Frühjahr bis Frühsommer
Ernte: Sommer- bis Herbstmitte
△ ◐ ☀ ♔
107

Gurke 'Petita' F1

Für Gewächshausgärtner, die reichlich saftige Minigurken ernten wollen, eine gute Wahl. 'Petita' gedeiht selbst unter schwierigen Bedingungen. Die Früchte bilden keine Bitterstoffe und schmecken ausgezeichnet.

Aussaat: Frühjahr bis Frühsommer
Ernte: Sommer- bis Herbstmitte
△ ◐ ☀
103

Gurke 'Carmen' F1

Aufgrund ihrer Resistenz gegen Echten Mehltau, Blattflecken und andere Krankheiten empfiehlt sich diese Sorte für das Gewächshaus. Schmale Früchte in Hülle und Fülle. Guter, frischer Geschmack.

Aussaat: Frühjahr bis Frühsommer
Ernte: Sommer- bis Herbstmitte
△ ◐ ☀ ♔
108

Zwiebelgewächse: Zwiebeln, Schalotten, Lauchzwiebeln

Zwiebel '*Ailsa Craig*'
Altbewährte Sorte, die zuverlässig und in großer Zahl dicke, süße Zwiebeln mit glatter, gelbbrauner Schale liefert. Aussaat im Frühjahr erbringt im Herbst eine gute Ernte für die Einlagerung (zuvor trocknen).

Aussaat: zeitiges Frühjahr
Ernte: Spätsommer bis Frühherbst
◊ ☼
104

Zwiebel '*Sturon*'
Üblicherweise aus Steckzwiebeln gezogen (Samen bekommt man nur selten). Aufgrund ihrer dicken Schale von gelblichbrauner Farbe lassen sich die großen, runden Zwiebeln hervorragend über Winter lagern.

Pflanzung: zeitiges Frühjahr
Ernte: Spätsommer bis Frühherbst
◊ ☼ ♟
102

Zwiebel '*Red Baron*'
Man bekommt sowohl die Samen als auch Steckzwiebeln. Die Zwiebeln haben eine dunkelrote Schale und rosa geringeltes Fruchtfleisch. Sie sind nur bedingt lagerfähig.

Aussaat: Frühjahrsmitte
Pflanzung: zeitiges Frühjahr
Ernte: Frühherbst bis Herbstmitte
◊ ☼
104

WInterzwiebel '*Senshyu*'
Die Steckzwiebeln im Herbst legen. Alternativ – für eine frostsichere sichere Ernte im Frühsommer – im zeitigen Frühjahr aussäen. Die stattlichen, strohgelben Zwiebeln haben einen kräftigen Geschmack.

Aussaat: Frühjahr
Pflanzung: Frühherbst bis Herbstmitte
Ernte: Frühsommer bis Sommermitte
◊ ☼ 123

Winterzwiebel '*Shakespeare*'
Im Frühsommer sind die rundlichen, tiefbraun schimmernden Zwiebeln erntereif. Dank ihres festen, weißen Fleisches und der kräftigen Schale lassen sie sich gut lagern. Der Geschmack ist exzellent.

Aussaat: Frühherbst bis Herbstmitte
Ernte: früher bis mittlerer Sommer
◊ ☼
107

Schalotte '*Longor*'
Rosig überhauchte Schale, innen rosa Streifen – eine attraktive Sorte. Die länglichen, kräftig-würzigen Schalotten lassen sich, sorgsam getrocknet, bis in den Winter lagern. Sie reifen schneller als Zwiebeln.

Pflanzung: Frühjahrsmitte
Ernte: Sommermitte bis Herbst
◊ ☼ ♟
107

Schalotte '*Red Sun*'

Eine der verlässlichsten unter den roten Sorten. Ihr weiß-rosa geringeltes Fruchtfleisch rundet, fein gewürfelt, Salate gelungen ab. Auch zum Kochen und Einlegen ist diese Schalotte gut geeignet.

Pflanzung: Frühjahrsmitte
Ernte: Sommermitte bis -ende
◌ ☼
104

Schalotte '*Golden Gourmet*'

Aus Steckzwiebeln gezogen, liefert die Sorte zahlreiche große, gelbschalige Schalotten hoher Qualität. Gut zur Wintereinlagerung geeignet. Bei Trockenheit erstaunlich geringe Neigung zum Schossen.

Pflanzung: Frühjahrsmitte
Ernte: Sommermitte bis -ende
◌ ☼ 🏆
104

Lauchzwiebel '*Weiße Königin*'

Man kann die kleinen, weißen Zwiebeln jung ernten und in Salaten verwenden oder im Boden reifen lassen, um sie dann einzulegen. Anspruchslos und, da von zierlichem Wuchs, ideal für kleine Gärten.

Aussaat: zeitiges bis mittleres Frühjahr
Ernte: Sommermitte bis -ende
◌ ☼
110

Lauchzwiebel '*Guardsman*'

Bewährte, sehr unproblematische Sorte mit weißem Schaft. Sie ist in einem milden Winter sogar robust genug, um noch im Herbst ausgesät zu werden. Resistent gegen die Mehlkrankheit.

Aussaat: zeitiges Frühjahr bis Herbstmitte
Ernte: Spätfrühjahr bis Herbstmitte.
◌ ☼
108

Lauchzwiebel '*North Holland Blood Red*'

Spektakulär ist die blutrote Basis dieser milden Sorte. Wenn man sie auf dem Beet ausreifen lässt, kann man rotschalige Zwiebeln ernten, die jeden Salat verfeinern.

Aussaat: Frühjahr bis Frühsommer
Ernte: Spätfrühjahr bis Spätsommer
◌ ☼
103

Lauchzwiebel '*White Lisbon*'

Diese aromaintensive Sorte mit weißer Basis und saftig grünem Laub ist leicht zu kultivieren, aber anfällig für Falschen Mehltau. Um die Ausbreitung der Krankheit zu verhindern, weite Reihenabstände einhalten.

Aussaat: Frühjahr bis Sommermitte
Ernte: Spätfrühjahr bis Frühherbst
◌ ☼ 🏆
103

Zwiebelgewächse: Lauch, Knoblauch

Lauch *'Musselburgh'*
Alte, robuste und bedingt winterharte Sorte mit dickem, weißem Schaft und einem stattlichen, grünen Blattschopf. Selbst in kalten Regionen kann man ‚Musselburgh' bis in den Winter ernten.

Aussaat: bis Frühjahrsmitte
Ernte: Spätherbst bis Winter
◊ ☼
101

Lauch *'Hannibal'*
Die anmutige Pflanze bildet zu tiefgrünen Blättern einen langen, geraden, weißen Schaft. Geeignet für die Ernte im Herbst und Frühwinter. Bei Kultur in hoher Dichte erhält man hübschen Miniaturlauch.

Aussaat: bis Frühjahrsmitte
Ernte: Frühherbst bis Frühwinter
◊ ☼
104

Lauch *'Herbstriesen'*
Elegante, dicke und langschäftige Sorte, die, wenn man sie in hoher Dichte zieht, auch attraktive Mini-Lauchstangen liefert. Sie ist von Spätsommer bis zum ersten Frost erntereif, gut für Kleingartenbesitzer.

Aussaat: Frühjahrsmitte
Ernte: Sommermitte bis Spätherbst
◊ ☼
107

Knoblauch *'Blanc de Lautrec'*
Eine der besten Sorten für kühlere Regionen, die im Herbst oder Frühjahr gepflanzt werden kann. Da sie zu den stiellosen Sorten gehört, ist die Knolle sehr produktiv und außerordentlich lagerfähig.

Pflanzung: Herbstmitte oder Frühjahr
Ernte: Spätfrühjahr oder ab Sommermitte
◊ ☼   107

Knoblauch *'Early Light'*
Da diese Pflanze Blütenstiele ausbildet, sollte man die Knollen am besten frisch verwenden. Verträgt Frost in Maßen. Reift früher als andere bedingt winterharte Sorten.

Pflanzung: Herbstmitte
Ernte: Spätfrühjahr bis Frühsommer
◊ ☼
107

Knoblauch *'Elephant Garlic'*
Der dem Lauch eng verwandte, bedingt winterharte Gigant produziert bis zu 10 cm große Knollen. Frisch geerntet, bieten die dicken, saftigen Zehen einen mild-aromatischen Geschmack, wundervoll für Braten.

Pflanzung: am besten im Frühjahr
Ernte: Sommermitte bis Frühherbst
◊ ☼
108

Hülsenfrüchte: Erbsen, Zuckerschoten

Erbse 'Feltham First'
Für Kleingärten ist diese kleinwüchsige und schnell reifende Sorte wie geschaffen. Man erzielt noch bessere Ergebnisse, wenn man sie im Herbst in Container aussät und geschützt überwintert.

Aussaat: zeitiges Frühjahr
Ernte: Spätfrühjahr bis Sommermitte
◑ ◌ ☼
103

Erbse 'Twinkle'
Exzellente, kleinwüchsige, frühe Sorte. Die ersten Aussaaten möglichst am Anfang durch Abdeckungen schützen. Ertragreich. Gegen Erbsenwelke resistent sowie gegen Falschen Mehltau.

Aussaat: zeitiges Frühjahrs
Ernte: Spätfrühjahr bis Sommermitte
◑ ◌ ☼
103

Erbse 'Hurst Greenshaft'
Die dicken, süßlichen Samen in paarweise angeordneten Hülsen reifen in einiger Höhe, das erleichtert die Ernte. Die traditionsreiche, zuverlässige, ertragreiche Sorte ist für ihre Krankheitsresistenz bekannt.

Aussaat: Frühjahr bis Frühsommer
Ernte: ab Frühsommer
◑ ◌ ☼ ♔
103

Erbse 'Rondo'
Kaum eine andere Sorte ist derart produktiv. Die paarweise wachsenden, geraden Hülsen werden bis zu 10 cm lang und bergen überaus schmackhafte Samen. Die Pflanzen müssen aber gestützt werden.

Aussaat: Frühjahr bis Frühsommer
Ernte: Spätfrühjahr bis Frühherbst
◑ ◌ ☼ ♔
103

Erbse 'Kleine Rheinländerin'
Sehr vielseitig. Die ganzen Hülsen schmecken, jung gepflückt, gedünstet oder gebraten. Lässt man sie reifen, liefern sie schmackhafte, leicht süße Erbsen. Die bis zu 1,8 m hohen Pflanzen brauchen eine Stütze.

Aussaat: Frühjahr bis Frühsommer
Ernte: bis Spätsommer
◑ ◌ ☼
101

Zuckerschote 'Oregon Sugar Pod'
Exzellente Sorte, die, obwohl nur 90 cm hoch, eine reiche Ernte erbringt. Man isst die breiten, flachen Hülsen im Ganzen – ob roh, gedünstet oder etwa im Wok gebraten ein knackiger, fast süßer Genuss.

Aussaat: Frühjahr bis Frühsommer
Ernte: Spätfrühjahr bis Spätsommer
◑ ◌ ☼ ♔
101

Hülsenfrüchte: Bohnen

Prunkbohne 'Butler'
Wüchsige und attraktive Sorte, die rot blüht, auch der Samen ist purpurfarben (daher auch Feuerbohne genannt). Man kann sie über lange Zeit ernten und, da fadenlos, auch noch gereift genießen.

Aussaat: Frühjahrsmitte – Frühsommer
Ernte: Sommer- bis Herbstmitte
◐ ◊ ☼ ☀
101

Stangenbohne 'Liberty'
'Liberty' ist eine beliebte Ausstellungssorte. Aus ihren schönen, scharlachroten Blüten entwickeln sich bis zu 45 cm lange Hülsen in großer Zahl. Sie sind glatt, fleischig und sehr schmackhaft.

Aussaat: Frühjahrsmitte – Frühsommer
Ernte: Sommer- bis Herbstmitte
◐ ◊ ☼ ☀ ☸
106

Stangenbohne 'White Lady'
Die unscheinbaren, weißen Blüten werden von Vögeln oft übersehen, das schützt die gleichzeitig reifenden Früchte. Der Fruchtansatz von 'White Lady', verträgt auch Hitze, sie ist daher für späte Aussaat geeignet.

Aussaat: Frühjahrsmitte – Frühsommer
Ernte: Sommer- bis Herbstmitte
◐ ◊ ☼ ☀ ☸
106

Prunkbohne 'Wisley Magic'
Aus leuchtend roten Blüten gehen schlanke, bis 35 cm lange Hülsen mit köstlich frischem Geschmack hervor. Die Sorte wächst rasch und ist produktiv, aber man sollte die Hülsen, da nicht fadenlos, früh ernten.

Aussaat: Frühjahrsmitte – Frühsommer
Ernte: Sommer- bis Herbstmitte
◐ ◊ ☼ ☀ ☸
103

Buschbohne 'Purple Queen'
Perfekt für Container oder Rabatten. Die kompakte Sorte wächst ohne Stützen und bildet zahlreiche, fadenlose Hülsen mit feinem Aroma aus. Roh von tiefem Purpur, werden sie beim Kochen grün.

Aussaat: Frühjahrs- bis Sommermitte
Ernte: Frühsommer bis Spätherbst
◐ ◊ ☼ ☀
104

Buschbohne 'Delinel'
Auch in Containerkultur erbringt diese Sorte eine reiche Ernte. Lange, rundliche, grüne Bohnen von fester Konsistenz und gutem Geschmack. 'Delinel' ist recht stabil gegen Krankheiten.

Aussaat: Frühjahrs- bis Sommermitte
Ernte: Frühsommer bis Spätherbst
◐ ◊ ☼ ☀ ☸
101

Buschbohne *'The Prince'*
Die langen, abgeflachten, grünen Hülsen möglichst jung ernten, solange sie noch fadenlos sind. Sie schmecken exzellent, sind zuverlässig ab Frühsommer erntereif und gedeihen bis in den Herbst.

Aussaat: Frühjahrs- bis Sommermitte
Ernte: Frühsommer bis Spätherbst
◐ ◌ ☼ ◑ ☷
111

Buschbohne *'Ferrari'*
Schlanke, fadenlose Hülsen, saftig und voller Aroma – diese Sorte ist für Genießer die perfekte Wahl und gedeiht ohne Probleme, auch in Containern. Bei Aussaat zur Frühjahrsmitte für Frostschutz sorgen.

Aussaat: Frühjahrs- bis Sommermitte
Ernte: Frühsommer bis Spätherbst
◐ ◌ ☼ ◑ ☷
111

Buschbohne *'Cobra'*
Am Stangenzelt oder Spalier gezogen, liefert die Sorte fadenlose, zarte, bis zu 20 cm lange, grüne Bohnen in Hülle und Fülle. Mit ihren ungewöhnlichen, violetten Blüten sehen die Pflanzen sehr dekorativ aus.

Aussaat: Frühjahrs- bis Sommermitte
Ernte: Frühsommer bis Spätherbst
◐ ◌ ☼ ◑ ☷
103

Borlotto-Bohne *'Lingua di Fuoco'*
Man kultiviert diese italienische Sorte wie Kletterbohnen. Die langen, blassgrünen und rot gesprenkelten Hülsen werden jung im Ganzen gegessen. Später die gefleckten Samen herauslösen und trocknen.

Aussaat: Frühjahrs- bis Sommermitte
Ernte: Frühsommer bis Spätherbst
◐ ◌ ☼
104

Dicke Bohne *'Aquadulce Claudia'*
Bewährte Sorte, die recht kühle Temperaturen verträgt. Bis zu 90 cm hoch. Gute Ernte zarter, heller Bohnenkerne in wattig ausgekleideten Hülsen. Die Schwarze Bohnenblattlaus siedelt sich leider gern an.

Aussaat: zeitiges Frühjahr
Ernte: ab Frühsommer
◌ ☼ ☷
111

Dicke Bohne *'The Sutton'*
Buschig, kompakt und nur 45 cm hoch – ideal für kleine Gärten und für Frühbeetkästen oder Folientunnel, um schon früh die erste Aussaat vorzunehmen. Zahlreiche kleine Hülsen mit saftigen, weißen Samen.

Aussaat: zeitiges Frühjahr
Ernte: Früh- bis Spätsommer
◌ ☼ ☷
105

Fruchtgemüse: Tomaten

Tomate *'Totem'* **F1**
Zierlich und aufrecht wachsende
Buschtomate – perfekt für Terras-
senkübel und große Blumenkästen.
Im Freien sehr ertragreich. Kleine, rote
Früchte von gutem Geschmack.

Aussaat: unter Glas ab zeitigem
Frühjahr; im Freien Frühjahrsmitte
Ernte: Sommer- bis Herbstmitte
◊ ◑ ☼
110

Tomate *'Tumbler'* **F1**
Diese Buschtomate ist ideal für die
Kultur in Hängekörben oder großen
Containern im Freien: An ihren über-
hängenden Trieben sprießen süße,
rote Kirschtomaten in großer Zahl.

Aussaat: unter Glas zeitiges Frühjahr;
im Freien Frühjahrsmitte
Ernte: Sommer- bis Herbstmitte
◊ ◑ ☼
108

Tomate *'Sweet Cherry'*
Ob im Freien, in Gefäßen oder im
Gewächshaus gezogen, gedeiht
diese Buschtomate problemlos. Ihre
zahlreichen kleinen, süß-aromatischen
Früchte sind schnell reif.

Aussaat: unter Glas zeitiges Frühjahr;
im Freien ab Frühjahrsmitte
Ernte: Sommer- bis Herbstmitte
◊ ◑ ☼
110

Tomate *'Sungold'* **F1**
Mit Massen süßer, orangeroter Kirsch-
tomaten hat sich diese Spaliertomate,
die auch im Freien gut gedeiht, viele
Freunde gemacht. Aufbinden und
Seitentriebe entfernen.

Aussaat: unter Glas zeitiges Frühjahr;
im Freien Frühjahrsmitte
Ernte: Sommer- bis Herbstmitte
◊ ◑ ☼
103

Tomate *'Sweet Olive'* **F1**
Verlässliche Spaliertomate für den
Freilandanbau. Die scharlachroten, kleinen Tomaten haben einen
exzellenten, intensiven Geschmack
und platzen nicht so schnell auf. Die
Pflanzen bei Bedarf stützen.

Aussaat: im Freien je nach Witterung
etwa ab Frühjahrsmitte
Ernte: Sommer- bis Herbstmitte
◊ ◑ ☼ ♈ 110

Tomate *'Shirley'* **F1**
Selbst bei schlechtem Wetter liefert
die stabile Gewächshaussorte große
Mengen dicker, runder Früchte. Als
Spaliertomate muss sie rechtzeitig
gestützt werden.

Aussaat: unter Glas ab zeitigem
Frühjahr möglich
Ernte: Frühsommer bis Frühherbst
◊ ◑ ☼ ♈
103

Tomate *'Tigerella'* **F1**
Außergewöhnlich die gelbe Zeichnung der Früchte, die darüber hinaus köstlich schmecken und früh reifen. Eine Spaliertomate, die drinnen wie draußen gute Erträge bringt.

Aussaat: unter Glas ab zeitigem Frühjahr; im Freien Frühjahrsmitte
Ernte: Sommer- bis Herbstmitte
◊ ◑ ☼ ♈
103

Tomate *'Gardener's Delight'*
Perfekt für einen geschützten Platz im Freien wie auch für ein Gewächshaus. Aufgrund ihrer Fülle fein aromatischer, dicker Kirschtomaten ist diese Spaliertomate sehr beliebt.

Aussaat: unter Glas zeitiges Frühjahr; im Freien Frühjahrsmitte
Ernte: Sommer- bis Herbstmitte
◊ ◑ ☼ ♈
103

Tomate *'Ferline'* **F1**
Exzellente, für Glas- und Freilandkultur geeignete Spaliertomate. Große, rundliche, rote Früchte mit vollem Geschmack. Widerstandskraft gegen Kraut- und Braunfäule.

Aussaat: unter Glas zeitiges Frühjahr; im Freien Frühjahrsmitte
Ernte: Sommer- bis Herbstmitte
◊ ◑ ☼
103

Tomate *'Supersweet 100'* **F1**
Für Gewächshaus empfehlenswerte Spaliertomate: wüchsig, unproblematisch und recht resistent gegen typische Tomatenkrankheiten. Saftige, zuckersüße Früchte in langen, vollen Trauben.

Aussaat: bis Frühjahrsmitte
Ernte: Sommer- bis Herbstmitte
◊ ◑ ☼
107

Tomate *'Super Marmande'*
Es tut der buschigen Pflanze gut, wenn man sie etwas stützt. Sie mag warme Gegenden, dann gedeiht sie prächtig. Ihre großen, fleischigen Früchte sind äußerst aromaintensiv.

Aussaat: bis Frühjahrsmitte
Ernte: Sommer- bis Herbstmitte
◊ ◑ ☼ ♈
101

Tomate *'Summer Sweet'* **F1**
Früh reifende Spaliertomate für einen sonnigen Platz im Freien oder auch im Gewächshaus. Kleine, schmackhafte, rote Eiertomaten. Lange Erntesaison. Gute Stabilität gegenüber Krankheiten.

Aussaat: Frühjahrsmitte
Ernte: Sommer- bis Herbstmitte
◊ ◑ ☼ ♈
110

Fruchtgemüse: Auberginen, Paprika, Zuckermais

Aubergine *'Moneymaker'* **F1**
Eine der besten Sorten für kühle Regionen. Optimal reifen die dunkelvioletten Früchte unter Glas, doch in sonniger Lage kommen die Pflanzen auch im Freien zurecht. Aufrechter Wuchs, geeignet für Container.

Aussaat: Frühjahrsmitte
Ernte: Sommermitte bis Frühherbst
◊ ◗ ☼
105

Aubergine *'Black Beauty'*
Zahlreiche glänzende, eiförmige Früchte von dunklem Purpur. Die höchsten Erträge erzielt man unter Glas. Die Pflanzen möglichst anbinden, damit sie unter der Last ihrer Früchte nicht einknicken.

Aussaat: Frühjahrsmitte
Ernte: Sommermitte bis Frühherbst
◊ ◗ ☼
101

Aubergine *'Mohican'*
Mit ihrem kompakt-buschigen Wuchs und den weißen Früchten macht sich die nur 60 cm hohe Sorte gut als Topfpflanze auf einer sonnigen Terrasse. Um den Ertrag zu mehren, die Früchte jung pflücken.

Aussaat: Frühjahrsmitte
Ernte: Sommermitte bis Frühherbst
◊ ◊ ☼ ♕
103

Paprika *'Gypsy'* **F1**
Zuverlässig ertragreich und früh reifend. Gut für das Gewächshaus geeignet und resistent gegen das Tabakmosaikvirus. Die zugespitzten, gelblichgrünen und tiefrot reifenden Früchte sind fleischig und saftig.

Aussaat: Frühjahrsmitte
Ernte: Sommer- bis Herbstmitte
◊ ☼ ♕
103

Paprika *'Marconi Rosso'*
Man sollte die länglichen Früchte dieser Sorte im roten Stadium ernten, dann sind sie extrem süß – ideal, um sie im Ofen zu garen. Im Freien liefern die Pflanzen an einem warmen Sonnenplatz eine reiche Ernte ab.

Aussaat: Frühjahrsmitte
Ernte: Sommer- bis Herbstmitte
◊ ☼
111

Paprika *'Corno di Torro Rosso'*
Lange und dünnwandige Früchte, die, rot ausgereift, eine köstliche Süße haben. Diese Sorte braucht die Extrawärme eines Gewächshauses, gedeiht in sehr milden Gegenden aber auch im Freien.

Aussaat: Frühjahrsmitte
Ernte: Sommer- bis Herbstmitte
◊ ☼
111

Chili-Paprika '*Hungarian Hot Wax*'
Attraktive Sorte von kompaktem Wuchs. Die länglich-spitzen Früchte sind zunächst gelb und mild, bei Reife dann leuchtend rot und scharf. Im Gewächshaus oder unter Folie erzielt man höhere Erträge.

Aussaat: Frühjahrsmitte
Ernte: Sommer- bis Herbstmitte
◊ ☼
112

Chili-Paprika '*Prairie Fire*'
Es sieht aus, als würde die Pflanze kleine, rote Geschosse in alle Richtungen abfeuern. Tatsächlich schmecken die Chilis feuerscharf. Nur 20 cm groß. Hübsch auf einer Fensterbank oder vor einer sonnigen Mauer.

Aussaat: Frühjahrsmitte
Ernte: Sommer- bis Herbstmitte
◊ ☼
112

Chili-Paprika '*Bell Pepper*'
Da diese Sorte viel Wärme braucht, zieht man sie am besten im Gewächshaus. Ihre dekorativen, glöckchenförmigen, bei Reife roten Früchte sind unten mild, am oberen Ende aber recht scharf.

Aussaat: Frühjahrsmitte
Ernte: Sommer- bis Herbstmitte
◊ ☼
112

Zuckermais '*Golden Bantam*'
Die stattlichen, bis zu 20 cm langen Kolben sind mit buttergelben, zarten und sehr süß schmeckenden Samen besetzt. Selbst bei kühlen Witterungsbedingungen liefert die wuchsfreudige Sorte gute Erträge.

Aussaat: Frühjahrsmitte bis -ende
Ernte: Spätsommer bis Frühherbst
◊ ☼
102

Zuckermais '*Indian Summer*'
Von Beige über Gelb bis Rot und Purpur reicht das Farbspektrum dieser attraktiven und delikaten Sorte. Durch ausreichenden Abstand zu anderen Maispflanzen vermeidet man den Eintrag von Fremdpollen.

Aussaat: Frühjahrsmitte bis -ende
Ernte: Spätsommer bis Herbstmitte
◊ ☼
102

Zuckermais '*Tasty Gold*'
Gerade für Anfänger ist diese Sorte ideal, denn jede Aussaat erbringt gesunde Sämlinge in erfreulicher Zahl. Kurz gekocht und einfach mit Butter bestrichen, bieten die Kolben einen süßen, zarten Genuss.

Aussaat: Frühjahrsmitte bis -ende
Ernte: Spätsommer bis Herbstmitte
◊ ☼ ♔
107

Spezialitäten: Grüner Spargel, Topinambur, Artischocken, Sellerie

Grüner Spargel *'Connover's Colossal'*
Eine frühe und reiche Ausbeute an dicken Sprossen. Neu gesetzte Spargelpflanzen erstmals und nur sparsam im zweiten Jahr beernten. Ab der dritten Saison kann man schneiden, was das Beet hergibt.

Pflanzung: Frühjahrsbeginn
Ernte: Spätfrühjahr
◊ ☼ ♈
103

Topinambur
Dieser Sonnenblumen-Verwandte wird auch als Jerusalem-Artischocke bezeichnet. Die unterirdischen Knollen variieren je nach Sorte in Form und Farbe. Sie werden meist gedünstet oder gebraten verwendet. Die Pflanze kann bis 3 m Höhe erreichen.

Pflanzung: bis Spätfrühjahr
Ernte: Spätherbst bis Spätwinter
◊ ◐ ☼ ☀ 107

Artischocke *'Green Globe'*
Gekauft ist sie ein Luxusgemüse, das man aber leicht selbst ziehen kann, sogar aus Ablegern. 'Green Globe' bildet große Blütenknospen mit einem herrlich zarten Herz und ist eine recht stabile Sorte.

Pflanzung: ab Spätfrühjahr
Ernte: Frühsommer
◊ ◐ ☼ ☀
103

Knollensellerie *'Monarch'*
Knollensellerie ist leichter zu kultivieren als Stangensellerie und milder. Man kann ihn roh zubereiten, dünsten und im Ofen braten. 'Monarch' ist dank glatter Schale schnell vorbereitet und hat zartes Fleisch.

Aussaat: Frühjahrsmitte
Ernte: Herbstmitte bis -ende
◊ ◐ ☼ ☀ ♈
103

Stangensellerie *'Victoria'* **F1**
Zartes Grün, sehr knackig und ein besonders guter, herb-würziger Geschmack. Weitere Pluspunkte: Das Anhäufeln zum Bleichen der Stiele entfällt, es ist eine selbstbleichende Sorte. Ziemlich schossfest.

Aussaat: bis Frühjahrsmitte
Ernte: Spätsommer bis Herbstmitte
◊ ◐ ☼ ♈
108

Stangensellerie *'Tango'*
Selbstbleichende Sorte, die im Freiland und Gewächshaus gleichermaßen gut gedeiht. Hellgrüne Blattstiele mit angenehm kräftigem Geschmack. Gut für Salate und Dips geeignet. Erfreulich schossfest.

Aussaat: bis Frühjahrsmitte
Ernte: Spätsommer bis Herbstmitte
◊ ◐ ☼ ♈
103

Kräuter

Petersilie 'Plain Leaved 2'
Zarte, glatte und sattgrüne Blätter von angenehm kräftigem Geschmack. Die Sorte gedeiht unter Glas wie im Freien mühelos. Bei milden Wintern kommt sie sogar noch im zweiten Jahr.

Aussaat: Frühjahr bis Spätsommer
Ernte: im Freien bis zu den ersten Frösten
◊ ◑ ☼ ☀
109

Petersilie 'Envy'
Anmutige und wüchsige Sorte, die stark gekrauste, aromatische Blätter in hellem Grün und großer Zahl hervorbringt. Petersiliensamen keimen manchmal langsam. Nach der Aussaat unbedingt reichlich wässern.

Aussaat: Frühjahr bis Spätsommer
Ernte: im Freien bis zu den ersten Frösten
◊ ◑ ☼ ☀ ♔ 103

Basilikum 'Sweet Genovase'
Die Blätter verströmen ein herrlich intensives Aroma. Ideal ist ein Platz auf einer hellen Fensterbank oder im Gewächshaus, auch ein sonniges Fleckchen im Freien ist akzeptabel. Regelmäßig Triebe abzwicken.

Aussaat: Frühjahr bis Sommermitte
Ernte: im Freien bis es kühler wird
◊ ☼
109

Basilikum 'Magic Mountain'
Mit ihrem schimmernden, purpurn angehauchten Laub und den hohen, fliederfarbenen Blüten ist diese Sorte schon optisch ein Genuss. Die zart nach Anis duftenden Blätter passen gut in Thai-Gerichte.

Aussaat: Frühjahr bis Sommermitte
Ernte: im Freien bis es kühler wird
◊ ☼
113

Thymian 'Silver Posie'
Die graugrünen, weiß gerandeten Blättchen runden mit ihrem intensiven Aroma Hähnchen- und Fischgerichte gelungen ab. Im Sommer bekommt das bedingt winterharte Pflänzchen kleine rosa Blüten.

Aussaat: bis Spätfrühjahr
Ernte: bis zum ersten Frost
◊ ☼
103

Thymian 'Doone Valley'
In einem Topf oder im Kräutergarten macht die Sorte mit ihrem gelb gemusterten Laub und den purpurnen Blüten viel her. Die zitronig duftenden Blätter passen gut zu Fisch. Bedingt winterhart.

Aussaat: bis Spätfrühjahr
Ernte: bis zum ersten Frost
◊ ☼
103

Kräuter und Sprossen

Gewöhnlicher Oregano
Im Mittelmeerraum heimisches und in Italiens Küche viel verwendetes Kraut. Auf gut durchlässigen Böden ausdauernd. Mit seinen hellgrünen Blättern und dem niedrigen Wuchs hübsch auch als Wegeinfassung.

Aussaat: bis Spätfrühjahr
Ernte: bis zum ersten Frost
◊ ☼
109

Mediterraner Rosmarin
Die intensiv duftenden, schmalen, Blätter passen exzellent zu Lamm. Im Kräuter- und Gemüsegarten macht sich der Strauch als Strukturpflanze nützlich. Er verträgt Formschnitt. Vorsicht: kälteempfindlich.

Aussaat: bis Spätfrühjahr
Ernte: bis zu leichtem Frost
◊ ☼
109

Gewöhnlicher Fenchel
Kulinarisch von Interesse sind alle Pflanzenteile. Die Samen schmecken stark nach Anis. Die bis 1,8 m hohe, ebenso in bronzefarbenen Sorten erhältliche Staude macht auch auf Rabatten eine elegante Figur.

Aussaat: bis Spätfrühjahr
Ernte: bis Frühherbst
◊ ☼
106

Apfelminze
In kleinen Gärten sollte man die wuchernde Staude im Topf kultivieren. Im Frühjahr treibt sie neue Sprosse, die mit weich behaarten Blättern besetzt sind. Ihr sanftes Minzaroma passt perfekt zu neuen Kartoffeln.

Aussaat: bis Spätfrühjahr
Ernte: bis Spätsommer
◊ ◗ ☼
109

Echte Minze
Ihr klares, frisches Aroma peppt Salate, Desserts und Getränke auf. So attraktiv das leuchtend grüne, glänzende Laub sein mag: man sollte die wuchsfreudige Pflanze besser an übermäßiger Ausbreitung hindern.

Aussaat: bis Spätfrühjahr
Ernte: bis Frühherbst
◊ ◗ ☼
109

Feinröhriger Schnittlauch
Anspruchslose Staude, die Büschel röhriger Blätter und lilarosa Blüten in kugeligen Dolden bildet und eine hübsche Wegeinfassung abgibt. Der feine, zwiebelartige Geschmack bereichert Salate und Suppen.

Aussaat: zeitiges bis Spätfrühjahr
Ernte: bis zu den ersten Frösten
◗ ☼ ☼
113

Blatt-Koriander

Nicht ihrer Samen, sondern der aromatischen Blätter wegen wird diese Einjährige kultiviert. Für eine kontinuierliche Ernte alle 6 Wochen neu aussäen. Um frühe Samenbildung zu vermeiden, regelmäßig wässern.

Aussaat: Frühjahrsmitte bis Frühherbst
Ernte: bis Frühherbst
◊ ☼
113

Echter Salbei

Die graugrünen, samtig behaarten Blätter sehen hübsch aus und lassen sich in der Küche vielseitig verwenden. Um buschigen Wuchs zu fördern, die Triebe entspitzen. Die Pflanzen alle 5 Jahre erneuern.

Aussaat: Frühjahrsmitte
Ernte: bis zu den ersten Frösten
◊ ☼
113

Zitronengras

Das in den Tropen heimische horstbildende Gras verträgt keine Temperaturen unter 7 °C, muss also bei Kälte nach drinnen. Außerdem wächst es bei Wärme schneller. Die aromatischen Stängel bereichern Thai-Gerichte.

Aussaat: Frühjahrsmitte bis -ende
Ernte: bis Frühherbst
◊ ☼
109

Alfalfa

Sehr gesunde, knackige Sprossenart. Köstlich in Salaten und Sandwiches. Um den Keimvorgang im Glas, auf einem Teller oder in einem Sprossenbeutel zu beschleunigen, die Samen vorher 8 Stunden einweichen.

Aussaat: ganzjährig
Keimdauer: 4–5 Tage
113

Mungobohnen

Nachdem man die kleinen grünen Samen 8–12 Stunden eingeweicht hat, bilden sie im Keimglas oder Sprossenbeutel oder auf einem Teller schnell Sprosse. Man kann sie nach 2–5 Tagen ernten. Vor dem Verzehr kurz blanchieren.

Aussaat: ganzjährig
Keimdauer: 2–5 Tage
113

Kichererbsen

Kichererbsensprossen schmecken gut in Salaten oder als Knabberei zwischendurch. Vor dem Keimen 8–12 Stunden in Wasser einlegen, um den Samenmantel aufzuweichen. Die Sprosse vor dem Verzehr kurz blanchieren oder garen.

Aussaat: ganzjährig
Keimdauer: 2–3 Tage
103

Nützliche Adressen

Anbieter mit einem den Pflanzenporträts zugeordneten Zifferncode

agri-Saaten GmbH
Maschweg 111
D-49152 Bad Essen
Tel. +49-5472-1353
www.agri-Saaten.de
info@agri-Saaten.de
Zifferncode 116

Arche Noah Gesellschaft zur Erhaltung der Kulturpflanzenvielfalt
Obere Str. 40
A-3553 Schloß Schiltern
Tel. +43-2734-8626
www.arche-noah.at
info@arche-noah.at
Zifferncode 112

Bakker Holland
Postfach
D-22922 Ahrensburg
Tel. +49-4102-499111
www.bakker-holland.de
Zifferncode 104

BALDUR Garten GmbH
Elblinger Str. 12
D-64625 Bensheim
Tel. +49-1805-103599
www.baldur-garten.de
Zifferncode 111

Bioland Bauernhof Karsten Ellenberg
Ebstorfer Str. 1
D-29576 Barum
Tel. +49-5806-304
www.kartoffelvielfalt.de
kartoffelvielfalt@t-online.de
Zifferncode 114

Bioland Hof Jeebel, Biogartenversand GbR
Jeebel 17
D-29416 Riebau
Tel. +49-39037-781
www.biogartenversand.de
info@biogartenversand.de
Zifferncode 102

Delfland Nurseries Limited
Benwick Road, Doddington, March,
Cambridgeshire PE15 0TU, England
Tel. +44-1354-740553
www.organicplants.co.uk
info@organicplants.co.uk
Zifferncode 108

Kiepenkerl-Fachversand Röben
Kirchdorfer Str. 177
D-26605 Aurich
Tel. +49-4941-972546
www.samenshop24.de
service@samenshop24.de
Zifferncode 106

Lubera Gartenversand
Lagerstraße
CH-9470 Buchs SG
Tel. +41-81-7563033
www.lubera.ch
info@lubera.ch
Zifferncode 110

Gärtner Pötschke
Beuthener Str. 4
D-41561 Kaarst
Tel. +49-1805-861100
www.poetschke.de
info@poetschke.de
Zifferncode 107

Rühlemann´s Kräuter & Duftpflanzen
Auf dem Berg 2
D-27367 Horstedt
Tel. +49-4288-928558

www.ruehlemanns.de
info@ruehlemanns.de
Zifferncode 113

Sperli Samenfachversand
Kirchdorferstr. 177
D-26605 Aurich
Tel. +49-4941-998935
www.samenfachversand.de
office@samenfachversand.de
Zifferncode 101

Suttons Seeds
Woodview Road, Paignton, Devon,
TQ4 7NG, England
Tel. +44-844-9220606
www.suttons.co.uk
mail@suttons.co.uk
Zifferncode 105

Syringa, Duftpflanzen und Kräuter
Bachstr. 7
D-78247 Hilzingen-Binningen
Tel. +49-7739-1452
www.syringa-samen.de
info@syringa-samen.de
Zifferncode 109

Thompson & Morgan
Postfach 1069
D-36243 Niederaula
Tel. +49-40-61193993
www.thompson-morgan.de
tmde@thompson-morgan.com
Zifferncode 103

TOPinambur SAATzucht Johann Brunner Agro Serve
Zum Weinberg 7
D-92272 Freudenberg
Tel. +49-9621-470666 oder -25634
www.topis.de
Zifferncode 115

Weitere Anbieter mit interessantem Sortiment

Die Blumenschule, c/o Rainer Engler
Augsburger Str. 62
D-86956 Schongau
Tel. +49-8861-7373
www.blumenschule.de
info@blumenschule.de

N. L. Chrestensen, Erfurter Samen- und Pflanzenzucht GmbH
Witterdaer Weg 6
D-99092 Erfurt
Tel. +49-361-22450
www.gartenversandhaus.de
info@chrestensen.com

Dreschflegel GbR
In der Aue 31
D-37213 Witzenhausen
Tel. +49-5542-502744
www.dreschflegel-saatgut.de
info@dreschflegel-saatgut.de

Ferme de Sainte Marthe, c/o Ulla Grall
Eulengasse 3
D-55288 Armsheim
Tel. +49-6734-960379
www.bio-saatgut.de
ulla.grall@t-online.de

Magic Garden Seeds, c/o Andreas Fái-Pozsár
Regerstr. 3
D-93053 Regensburg
www.magicgardenseeds.de
kontakt@magicgardenseeds.de

Gärtnerei Naturwuchs
Bardenhorst 15
D-33739 Bielefeld
Tel. +49-521-9881778
www.naturwuchs.de
info@naturwuchs.de

Bruno Nebelung, Kiepenkerl-Pflanzenzüchtung
Kundenservice
Im Weidboden 12
D-57629 Norken
Tel. +49-2661-9405 2-84
www.kiepenkerl.de
info@kiepenkerl.de

Samenkiste, c/o Marion Minch
Kniebisstr. 12
D-76199 Karlsruhe
Tel. +49-721-881908
www.samenkiste.de
info@samenkiste.de

Register

Register

Dank/Bildnachweis

Für die freundliche Genehmigung zur Wiedergabe ihrer Fotografien dankt der Verlag:

(Schlüssel: o = oben; u = unten; m = Mitte; g = ganz; l = links; r = rechts)

1–2 Airedale: Sarah Cuttle. **4** Mike Newton (m). **5** Airedale: Sarah Cuttle (o). **6–7** Airedale: Sarah Cuttle. **8** Airedale: Sarah Cuttle (or); Amanda Jensen: Designer: Alan Capper mit Kent Allan, Kent Design & Ross Allan Designs für Garden Africa, Chelsea Flower Show 2006 (ol); Amanda Jensen, Chelsea Flower Show 2006 (u). **9** Mark Bolton: Designer: Kate Frey, Fetzer Vineyards/Chelsea Flower Show 2005. **10–11** Mike Newton (o). Airedale: Sarah Cuttle (u). **11** Airedale: David Murphy (o); Amanda Jensen: Designer: Paul Stone, Mayor of London's Office, The Sunshine Garden, Hampton Court 2006 (u). **12–13** Garden World Images: Matt Keal/Eden Project. **13** Mark Bolton: Nicky Daw, Lower House, Powys (o). Airedale: Amanda Jensen (u). **14** Airedale: Sarah Cuttle (o). Mark Bolton: Goram, Teasdale, Thornbury, Glos. (u). **15** Airedale: Sarah Cuttle: Designer: Darren Rudge & H Wood, City of Wolverhampton College/Gardeners' World Live 2006. **16** Airedale: Sarah Cuttle (o). **16–17** Mark Bolton: Andy Luft, Nailsea, Somerset. **17** Airedale: Sarah Cuttle: Nottingham Trent University/Gardeners' World Live 2006 (ol); Designer: Darren Rudge & H Wood, City of Wolverhampton College/Gardeners' World Live 2006 (r). **18** Mark Bolton. **19** RHS *The Garden*: Tim Sandall (ol). Airedale: Sarah Cuttle (ur); Amanda Jensen (ur). **22** Airedale: Sarah Cuttle (l). DK Images: Peter Anderson (r). **23** Airedale: David Murphy (l); Amanda Jensen: Designer: Paul Stone, Mayor of London's Office, The Sunshine Garden, Hampton Court 2006 (r). **28** DK Images: Peter Anderson. **29** Airedale: Sarah Cuttle (ol, ul, ur). DK Images: Peter Anderson (or). **30** Airedale: David Murphy. **31** Airedale: Amanda Jensen (o). **32** Airedale: Sarah Cuttle (ur). DK Images: Peter Anderson (o, u). **33** DK Images: Peter Anderson (ol, ml, mr, ul, ur). **34** DK Images: Peter Anderson. **35** DK Images: Peter Anderson (ol, u). **36** Airedale: David Murphy. **37** Airedale: Sarah Cuttle (ul). **38** Airedale: Sarah Cuttle. **39** DK Images: Peter Anderson (o, ul). Airedale: Sarah Cuttle (ur). **42** Airedale: Sarah Cuttle. **43** Airedale: Sarah Cuttle (ol). Thompson & Morgan (ugr). **44** Airedale: Suttons Seeds (ugr). Thompson & Morgan (ul). **46** Airedale: Sarah Cuttle. **47** Airedale: Sarah Cuttle (or, ugr). Chase Organics Ltd (ugl). **49** Airedale: David Murphy (ol); Sarah Cuttle (ur, ugr). DK Images: Peter Anderson (or). **50** Airedale: Sarah Cuttle. **51** Airedale: Sarah Cuttle (ol, ur). **52** Airedale: Sarah Cuttle. **53** Airedale: Sarah Cuttle (ur).

Chase Organics Ltd (ugr). **54** Airedale: Sarah Cuttle. **55** Airedale: Sarah Cuttle (ugl, ul). **58** Airedale: Sarah Cuttle. **60** Airedale: Sarah Cuttle. **64** Airedale: Sarah Cuttle. **66** Airedale: David Murphy. **68** Airedale: Sarah Cuttle. **82** Airedale: Sarah Cuttle. **84** Airedale: David Murphy. **85** Airedale: Sarah Cuttle (ol, or, ul). **86** Airedale: Sarah Cuttle (o, ur). DK Images: Peter Anderson (ul). **87** DK Images: Peter Anderson (o). **88–89** Airedale: David Murphy. **90** Airedale: Sarah Cuttle (mr). DK Images: Peter Anderson (or). Thompson & Morgan (ol). **91** RHS *The Garden*: Tim Sandall. **92** Airedale: Sarah Cuttle (ol). Suttons Seeds (mr). DT Brown (ul). **93** Airedale: David Murphy. **94** Malcolm Dodds (ol). **96** Airedale: Sarah Cuttle (ur). DK Images: Peter Anderson (ul). Derek St Romaine (ol). **97** Derek St Romaine: RHS Garden Rosemoor. **98–99** Airedale: Sarah Cuttle. **100** Airedale: Sarah Cuttle (ol, ur). **101** Airedale: Sarah Cuttle. **102** Airedale: Sarah Cuttle (ur). Thompson & Morgan (ml). **103** DK Images: Steve Wooster. **106** Airedale: Sarah Cuttle. **107** Airedale: David Murphy (ol); Sarah Cuttle (om). DK Images: Peter Anderson (um). **108** Airedale: Sarah Cuttle (ul, ur). **109** DK Images: Mark Winwood (ol); Peter Anderson (ul). **110** DK Images: Deni Bown (m); Peter Anderson (om, or, mr, um). Airedale: David Murphy (ml). **111** Airedale: Sarah Cuttle (um, ur). DK Images: Deni Bown (or, m, ul). Malcolm Dodds (ol). **112** Airedale: Sarah Cuttle (ul, um). DK Images: Peter Anderson (ur). **113** DK Images: Peter Anderson (m, mr, um). Photoshot/NHPA: N A Callow (ul). **114** DK Images: Peter Anderson (or, ur). Airedale: David Murphy (ul). **115** Airedale: David Murphy (ol). DK Images: Peter Anderson (ml, ul). **116** Airedale: Sarah Cuttle. **117** Airedale: David Murphy (ol, ur); Sarah Cuttle (or). DK Images: Peter Anderson (ul). **118** Airedale: Sarah Cuttle. **119** Airedale: Sarah Cuttle (r). **121** DK Images: Peter Anderson (r). **122–123** Airedale: David Murphy. **124** Thompson & Morgan (ul). **125** Airedale: Sarah Cuttle (om, ur). Thompson & Morgan (ol). DT Brown (or). **126** Thompson & Morgan (or). Fothergills (ol, ul). **127** Airedale: Sarah Cuttle (or). Suttons Seeds (ur). Thompson & Morgan (um). Fothergills (ul). **128** Airedale: Sarah Cuttle (um). Suttons Seeds (ol, or). Fothergills (om). **129** Airedale: Sarah Cuttle (ul). Chase Organics Ltd (ol, om). Thompson & Morgan (um, ur). Fothergills (or). **130** Airedale: Sarah Cuttle (or). Thompson & Morgan (ol, ul). DT Brown (om, ur). Fothergills (um). **131** Airedale: Sarah Cuttle (om). Suttons Seeds (ol). Thompson & Morgan (or, ur). Fothergills (ul). **132** Suttons Seeds (ur). DT Brown (um). **133** Chase Organics Ltd (ol).

Thompson & Morgan (om). DT Brown (or). **134** Airedale: Sarah Cuttle (ol); David Murphy (ul); Mike Newton (or). Fothergills (om, um, ur). **135** Airedale: Sarah Cuttle (ol, or, ul). Thompson & Morgan (um). DT Brown (ur). Fothergills (om). **136** DT Brown (or, um). **137** Airedale: Sarah Cuttle (or, um). Marshalls Seeds (ol). Thompson & Morgan (om). **138** Marshalls Seeds (ul, ur). Joy Michaud/Sea Spring Photos (om). W. Robinson & Son Ltd. (um). DT Brown (ol). Fothergills (or). **139** Airedale: Sarah Cuttle (or, ur). Joy Michaud/Sea Spring Photos (om). DT Brown (ol, um). **140** Airedale: Sarah Cuttle (om). Thompson & Morgan (ul, um, ur). Fothergills (ol). **141** Airedale: Sarah Cuttle (om). Chase Organics (ol). Thompson & Morgan (ur). DT Brown (or, ul, um). **142** Airedale: Sarah Cuttle (om, or, ul). Joy Michaud/Sea Spring Photos (ol). **143** Airedale: Sarah Cuttle (om). Marshalls Seeds (or). DT Brown (um). Fothergills (ol, ul, ur). **144** Suttons Seeds (um). Thompson & Morgan (or). Fothergills (ol). **145** Marshalls Seeds (um, ur). Thompson & Morgan (ol, or). **146** DT Brown (ur). **147** Airedale: Sarah Cuttle (or, um). Chase Organics (ul). DT Brown (ol, om). **148** Airedale: Sarah Cuttle (ol, ul). Thompson & Morgan (or). DT Brown (om). Fothergills (um). **149** Airedale: Sarah Cuttle (ur). Thompson & Morgan (ul). Fothergills (ol, om, um). **150** Airedale: Sarah Cuttle (ol, or). DT Brown (om). **151** DT Brown (ol). **152** Airedale: Sarah Cuttle (ol, ul, um). DT Brown (ur). **153** Airedale: Sarah Cuttle (om).

Alle anderen Bilder © Dorling Kindersley
Weitere Informationen unter:
www.dkimages.com

Wir haben uns bemüht, sämtliche Copyright-Inhaber ausfindig zu machen, entschuldigen uns im Voraus für etwaige Versehen und nehmen in Nachfolgeausgaben gern entsprechende Nennungen auf.

Dorling Kindersley dankt außerdem:
Fiona Wild und Mandy Lebentz für die Lektoratsassistenz.

Airedale Publishing bedankt sich bei:
DT Brown, Bryants Nurseries, Chase Organics, Mr. Fothergill's, Marshalls/Unwins, Northern Polytunnels, Strulch, Suttons Seeds sowie Thompson & Morgan.